[illegible]

[illegible] A CHEVAL

ORDRES PERMANENTS

1869

PARIS

VEUVE BERGER-LEVRAULT ET FILS, LIBRAIRES-ÉDITEURS

5, RUE DES BEAUX-ARTS. — MÊME MAISON A STRASBOURG.

1869

ORDRES PERMANENTS

1869

STRASBOURG, IMPRIMERIE DE VEUVE BERGER-LEVRAULT.

GARDE IMPÉRIALE

RÉGIMENT D'ARTILLERIE A CHEVAL

ORDRES PERMANENTS

1869

PARIS

VEUVE BERGER-LEVRAULT ET FILS, LIBRAIRES-ÉDITEURS

5, RUE DES BEAUX-ARTS. — MÊME MAISON A STRASBOURG.

1869

GARDE IMPÉRIALE.

RÉGIMENT D'ARTILLERIE A CHEVAL.

ORDRES PERMANENTS

1869.

Les ordres permanents sont classés en trois séries :

1re Série. — **Tenue et inspections.**

2e Série. — **Manœuvres, cours et instructions.**

3e Série. — **Service de place et service intérieur.**

Chaque série a un numérotage particulier. Une même table des matières, placée à la fin du livret, comprend les ordres permanents des trois séries.

1re SÉRIE.

TENUE ET INSPECTIONS.

N° 1.

TENUE DES CHAMBRES.

Manière de disposer les effets pour une inspection.

Première planche.

1° Le sac à distribution, plié de manière à lui donner la longueur de la besace, arasant le bord de la planche.

2° La besace à plat, l'ouverture en dessus, contenant les flammes de talpack.

3° La veste, la doublure du dos en dehors, le collet rabattu et tourné vers la gauche.

La droite et la gauche des effets sont la droite et la gauche de l'homme qui leur fait face.

4° Le dolman, plié en deux, la doublure en dehors, la rangée des boutons apparente, le collet rabattu et tourné à droite.

5° Le pantalon d'ordonnance plié bandes sur bandes, la ceinture ramenée en dedans et tournée à gauche, les deux jambes rabattues du même côté, de manière que leur extrémité soit à hauteur de la ceinture.

6° Le pantalon de cheval plié de même, bandes sur bandes, la ceinture ramenée en dedans et tournée à droite, chaque jambe rabattue en dehors, l'extrémité à hauteur de la ceinture.

7° Le pantalon de toile plié en deux, la ceinture tournée à gauche.

8° Le porte-manteau contenant les effets prescrits par l'ordonnance, les couronnes verticales, les boucles du côté du mur.

9° Le bonnet de police posé à plat sur les effets, l'ouverture à gauche et le gland en dehors.

10° Le talpack avec le pompon placé sur un support à gauche des effets, sans flamme, la jugulaire fixée aux deux crochets de mentonnière.

Deuxième planche.

1° Le bissac plié en deux.

2° Le couvre-fontes plié en quatre, la doublure en dehors, le gros pli en avant, maintenu par deux courroies de charge dont les boucles ne doivent pas paraître; il renferme le surfaix, le poitrail d'artillerie, la lanière du pistolet, la 3e courroie de charge et le tapis, qui lui-même est plié en deux, la doublure en dehors, les pointes rabattues de manière à former un carré long.

3° Le manteau roulé de la manière voulue pour être mis sur la selle, les deux extrémités maintenues par la courroie et tournées à gauche.

4° Les bottes au-dessus du talpack, les éperons tournés en dehors.

5° La tente-abri, pliée à la longueur convenable, est placée sous les effets de la 2e planche : les bâtons et piquets réunis derrière ces effets.

Haches et ustensiles de campement.

Les planchettes porte-haches sont, dans toutes les batteries, d'un modèle uniforme. Elles sont peintes en gris clair et ne se distinguent que par une bordure de 0m,015 portant la couleur de la batterie. Le tasseau supérieur porte un aigle de sabretache, le tasseau inférieur un aigle de giberne: tous deux sont peints en noir.

Les manches de hache sont peints en noir.

Toutes les peintures sont vernies.

Les ustensiles de campement sont placés sur la planche supérieure, à droite des effets.

La gamelle, l'ouverture tournée du côté du mur.

Le bidon, le bec en dehors.
La marmite, la douille contre le mur.

Pistolets.

Les pistolets sont suspendus par le pontet, le chien à l'abattu, le tampon de cheminée suspendu par sa ficelle au pontet, le bouchon fermant le bout du canon : la couche grasse qui couvre les armes les jours ordinaires est enlevée.

Une étiquette de $0^m,08$ sur $0^m,05$ est fixée à un clou comme l'étiquette du lit et placée à la tête de chaque pistolet.

Sabres, gibernes, sabretaches.

Le sabre avec sa sabretache et la giberne sont suspendus aux crochets porte-sabre et porte-giberne, qui sont placés à la tête des lits; la lame du sabre est hors du fourreau et passée dans l'anneau du milieu du ceinturon, lequel est suspendu au crochet porte-giberne.

Si la sabretache est découverte, le couvre-sabretache est placé la partie inférieure en avant : au-dessus du pantalon de toile et sous le porte-manteau, quand les effets sont sur les planches; au-dessus du bonnet de police, laissant voir le gland, quand les effets sont sur les lits.

Musettes et bridons.

Les musettes et bridons sont suspendus aux crochets placés à la tête des lits, les bridons à gauche.

Lits.

On ne doit pas laisser entre la tête du lit et le traversin un espace vide; le traversin doit être dans les draps et toucher le fer du lit. La couverture doit envelopper le traversin, en passant par dessus; on achève de la tendre en passant la main sous le devant du traversin; il ne sera rien mis entre la paillasse et le matelas.

L'étiquette, placée à la tête du lit, est en carton fort, de $0^m,08$ de longueur sur $0^m,05$ de largeur, fixée solidement par un cordon passé à $0^m,01$ du bord, dans deux trous distants de $0^m,02$. Elle indique le nom de l'homme et son numéro matricule.

Toutes les étiquettes sont de même dimension.

Cuillères.

Chaque homme doit avoir sa cuillère placée à son étiquette sous la planche à pain et maintenue par une lanière de cuir destinée à cet usage.

La planche à pain doit être toujours propre.

Mobilier et ustensiles de chambre.

Les bancs sont placés contre les tables, les tables contre la muraille; les vases pour le blanc et le cirage et autres ustensiles de propreté sont réunis de préférence dans le lieu le moins apparent de la chambre, ou dans tout autre lieu où ils ne peuvent être vus.

Brides de porteur.

Prendre le licol, placer les rênes du filet sous la têtière de manière que l'extrémité tombe à droite, placer le licol ainsi ployé sous la têtière de la bride et placer le tout sur le lit, rouler la longe du licol de manière qu'elle ait $0^m,38$ à $0^m,40$, rouler les rênes de la bride autour de la longe, placer le tout entre les montants de la bride et du filet, mettre la bride à la cheville. Passer le contre-sanglon du filet dans le passant de la sous-gorge du filet et le faire glisser de manière à maintenir la muserolle horizontale, boucler la muserolle, envelopper le tout avec la sous-gorge de la bride, en la faisant passer à égale distance du frontal et de la muserolle.

Le mors du filet doit reposer sur les canons de la bride et en avant, la gourmette par dessus.

Brides de sous-verge.

La bride de sous-verge se dispose de la même manière, en ayant soin de dégager l'alliance de la sous-gorge, afin de maintenir la muserolle horizontale.

NOTA. Chaque bride a son étiquette portant son numéro et le nom de l'homme. Cette étiquette a $0^{m},08$ de long sur $0^{m},05$ de large.

Étriers.

Les étriers sont suspendus aux mêmes chevilles que la bride, les étrivières allongées de manière que l'étrier arase la barrette du mors, en ayant soin de tordre la première étrivière, afin que les ouvertures des étriers se trouvent en avant.

Sangles.

Les sangles placées l'une sur l'autre, se recouvrant exactement, reposant sur les étriers et pendant également en avant et en arrière.

Étiquettes et imprimés.

Sur la porte de chaque chambre sont affichés :

1° Les noms des deux capitaines;

2° Celui du lieutenant de demi-batterie;

3° Celui ou ceux des chefs de pièce.

Sur la porte de la chambre du maréchal-des-logis-chef sont affichés :

1° Les noms des officiers de la batterie avec indication de leurs logements;

2° Les noms du maréchal-des-logis-chef et des fourriers.

Sur la porte des chambres de sous-officiers sont affichés :

1° Les noms des deux capitaines;

2° Celui du lieutenant de demi-batterie;

3° Ceux des sous-officiers qui occupent la chambre.

Sont placés dans les chambres, avec l'indication du numéro d'ordre correspondant :

1° Les marques extérieures de respect (*imprimées*);

2° Les devoirs des brigadiers de chambrée (*imprimés*);

3° L'instruction sur l'entretien des armes (*imprimée*);

4° L'instruction sur les changements de front;

5° L'instruction sur le chargement des coffres;

6° L'Empereur et le soldat;

7° Les listes d'appel (*1 par pièce*);

8° La liste des pointeurs ayant eu des prix de tir;

9° L'état des hommes ayant touché du décompte;

10° Les états de casernement (*1 par chambrée*);

11° La copie des marchés passés par la commission des ordinaires (*3 marchés*) dans la chambre des chefs d'ordinaire.

Une instruction pour les hommes en permission et un tableau des emplois civils réservés aux sous-officiers, brigadiers et canonniers rengagés sont déposés dans la chambre des maréchaux-des-logis-chefs.

Manière de disposer les effets les jours ordinaires.

Comme pour les jours d'inspection, sauf les modifications suivantes :

Le pantalon d'ordonnance est retourné et les effets sont recouverts du sac à distribution.

Les canons sont enduits de la matière grasse.

La lame du sabre est dans le fourreau.

Les tables sont placées au milieu de la chambre.

Il est défendu de la manière la plus formelle aux canonniers de conserver des malles dans les chambres; les sous-officiers et les brigadiers d'ordinaire sont seuls autorisés à en avoir.

Dispositions générales.

Quelle que soit la tenue des hommes pour une inspection dans les chambres, MM. les officiers sont en talpack, giberne et jugulaire.

Pour une inspection en armes, les canonniers ont le sabre décroché, la main gauche embrassant la poignée.

En talpack ou en bonnet de police en armes, dans les chambres, les hommes ont la jugulaire.

En petite tenue, sans armes, les hommes ne portent pas la jugulaire.

Pour une revue de détail, les effets sont placés sur les lits, d'après les indications du dessin qui se trouve en tête du livret de chaque homme; l'époussette, dont la position n'est pas déterminée, est pliée en quatre et placée sous l'étrille.

La calotte d'écurie est placée sur le porte-manteau, à gauche des gants; la flamme de talpack n° 1, pliée, est posée sous les gants; la flamme n° 2 restant toujours dans la besace. L'aigrette est placée à gauche du pompon et tournée dans le même sens.

La veille d'une inspection du colonel, les escaliers et corridors sont nettoyés à fond. Il est interdit de laver les planchers à grande eau.

Les chefs d'escadron attendent le colonel dans les chambres de leurs batteries respectives. Le lieutenant-colonel et les officiers de l'état-major l'attendent réunis à la porte du quartier.

L'inspection de leur batterie terminée, les commandants de batterie peuvent permettre aux hommes de se déshabiller; mais sous-officiers et canonniers restent consignés dans les chambres jusqu'à la fin de l'inspection du colonel.

N° 2.

TENUE DES SELLERIES.

Les sangles, étriers et étrivières sont placés dans les chambres, comme il est dit plus haut.

Pour les revues des selleries, les surfaix de schabraque sont placés sur les selles.

Les chefs d'escadron de semaine, dans la revue des selleries qu'ils passent le samedi, s'assurent de l'état de propreté de toutes les pièces en cuir fauve.

N° 3.

TENUE DES ÉCURIES.

Lorsqu'il est ordonné de mettre les couvertures sur les chevaux aux écuries, elles sont déployées en entier et placées sur les chevaux; les liserés sur les côtés, la partie postérieure de la couverture à environ $0^{m},30$ de la naissance de la queue.

Le surfaix en ficelle est serré en arrière du garrot, de manière que la boucle porte sur la couverture.

La partie antérieure de la couverture est alors rabattue en arrière, de manière à cacher le surfaix.

Lorsque les couvertures restent aux écuries sans être sur les chevaux (*chevaux de remonte, chevaux tondus*, etc.), elles sont pliées deux fois sur elles-mêmes, de manière que les plis soient parallèles aux liserés; on les double dans le sens de leur longueur, les liserés en dedans, et on les place sur les traverses derrière chaque cheval à droite de l'étiquette (*la droite et la gauche de l'étiquette sont la droite et la gauche de l'homme qui lui fait face*), le gros pli en dehors. Chaque couverture est maintenue par un surfaix, avec lequel on l'entoure deux fois et que l'on boucle ensuite, la boucle du côté des chevaux.

Les chevaux tondus doivent toujours avoir leur couverture sur le dos, sauf pour les revues.

Bridons et licols de corvée.

Il doit toujours y avoir dans les écuries un certain nombre de colliers de force, de licols et de bridons de corvée (1 bridon, 1 licol et 1 collier de force par pièce).

Ces objets sont remis en consigne aux gardes d'écurie et suspendus à des crochets disposés à cet effet.

Manière de placer la veste pendant le pansage.

La veste est pliée comme pour la placer sur la planche dans les chambres et déposée sur la même traverse que la couverture, à gauche de l'étiquette.

Manière de placer les effets de pansage pendant le pansage.

Les effets de pansage sont placés dans la musette de pansage; celle-ci est suspendue à la sauterelle ou à la poutrelle à droite de chaque cheval. (*Chaque batterie doit se procurer un nombre suffisant de musettes de corvée pour contenir l'avoine, à raison d'une musette pour deux chevaux.*)

Ustensiles d'écurie.

Les pelles, fourches, balais, seaux, baquets, quand on ne s'en sert pas, sont réunis aux extrémités de chaque compartiment d'écurie. Les vannettes sont dressées contre le mur, vis-à-vis du milieu des chevaux auxquels elles sont destinées.

Il doit y avoir dans chaque écurie un falot à main, remis en consigne aux gardes d'écurie et suspendu à un crochet destiné à cet effet.

Dans les écuries, une stalle est autant que possible réservée pour les lits des gardes d'écurie et pour le placement des ustensiles.

Tenue des gardes d'écurie.

La tenue des gardes d'écurie est en calotte, veste, pantalon de treillis et sabots; il est défendu de descendre aux écuries aucun effet d'habillement ou de literie.

Fenêtres et portes [1].

En été, on laisse nuit et jour les fenêtres et les portes ouvertes. De même en hiver pendant les temps calmes et toutes les fois que la température ne descend pas au-dessous de zéro;

1. Décision ministérielle du 5 avril 1867.

lorsque de grands vents se font sentir, on tient fermées pendant le jour les portes du côté du vent régnant, et, pendant la nuit, toutes les portes indistinctement; dans les grands froids, toutes les portes sont fermées; mais les fenêtres restent ouvertes.

En hiver, à la rentrée des promenades et des manœuvres, les fenêtres extérieures et intérieures restent fermées pendant une heure et demie ou deux heures.

La même précaution est prise en été, s'il fait du vent.

En toute saison, à la rentrée des chevaux de selle ou des attelages isolés, on ferme toujours les portes près desquelles ces chevaux sont placés.

Le système d'aération des écuries affectées aux infirmeries est laissé à l'appréciation du vétérinaire chef du service.

Litière.

On doit laisser la litière sous les pieds des chevaux pendant une semaine entière et même pendant un plus long espace de temps, si l'état de l'atmosphère ne permet pas à jour fixe son enlèvement.

Les gardes d'écurie ne doivent jamais toucher à la couche qui repose sur le sol.

Il faut toujours répartir la partie sèche de la litière d'une manière à peu près égale, afin que les chevaux puissent se reposer sur un lit dont la surface ne soit pas imprégnée d'humidité. Les gardes d'écurie enlèvent le crottin dans les vannettes, sans l'écraser, au fur et à mesure qu'il est produit, sauf pendant la nuit.

Le jour indiqué, soit avant, soit après la soupe du matin, selon la saison, la litière est refaite et les écuries sont nettoyées à fond. Cette opération est exécutée par tous les hommes à la fois, sous la surveillance des lieutenants, des maréchaux-des-logis et des brigadiers de semaine.

Pour cette opération, les hommes commencent par enlever toute la paille sèche et, si le temps le permet, la transportent dans la cour pour l'exposer au soleil; si le temps est pluvieux, ils la placent sous les mangeoires. Cette première partie du travail étant terminée, le lieutenant de semaine examine s'il ne reste pas, sur la litière, de la paille bonne à conserver; lorsqu'il a constaté que la partie restante doit être mise au fumier, il donne l'ordre de l'enlever et, ce travail terminé, on balaie à fond le sol de l'écurie; en temps pluvieux, on remet de suite la litière sous les pieds des chevaux; dans l'autre cas, on ne rentre la litière qu'après le pansage du soir.

La litière doit être arrêtée à hauteur de l'extrémité postérieure des bat-flancs et bordée par un bourrelet que les gardes d'écurie forment avec les mains.

Tous les matins, après le pansage en hiver, et, en été, à la rentrée de la manœuvre ou de la promenade, on appuie contre ce bourrelet les petites tresses, qui sont enlevées au pansage du soir, roulées et réunies aux ustensiles d'écurie.

Les jours d'inspection, sur l'ordre qui en est donné, on place les grandes tresses.

Étiquettes.

Une étiquette, placée sur la porte (*à l'extérieur*), indique le numéro de la batterie et le nombre de chevaux que contient l'écurie. Une autre étiquette (*à l'intérieur*) donne l'état des ustensiles d'écurie. Enfin, dans le lieu le plus apparent de l'écurie, on place la consigne des gardes d'écurie (*imprimée*) et la consigne relative aux incendies.

Chaque cheval a son étiquette portant son nom et son numéro, le nom de l'homme auquel il appartient et le numéro de la couverture.

N° 4.

CRINS ET QUEUES DES CHEVAUX.

Les queues des chevaux sont coupées, dans toutes les batteries, par le brigadier maréchal, sous la surveillance du capitaine instructeur, lorsque l'ordre en est donné.

La queue tendue doit arriver à $0^{m},10$ au-dessus de la pointe du jarret.

A l'époque où se font les crins, les crinières sont éclaircies par le maréchal en pied de chaque batterie, sous la surveillance des officiers de la batterie.

N° 5.

REVUES INTÉRIEURES.

1° Pour la revue du général, MM. les officiers se placent sur un rang, par batterie, l'état-major à la droite, le sabre décroché, le dard à terre, la main gauche embrassant la poignée.

Ils saluent individuellement à mesure que le général arrive à leur hauteur.

2° Les hommes dont les effets ne sont pas étalés ont leur livret au pied du lit.

3° Les hommes détachés des batteries de Paris sont toujours possesseurs de leur livret.

4° Les chevaux, tondus ou non, ne doivent pas avoir, dans les écuries, de couvertures sur le dos.

5° Pour la revue du général, les gamelles, dans les cuisines, ne doivent pas avoir de couvercles.

6° Pour la revue du général, les cantinières sont en tenue.

7° Pour les revues dans les écuries, les bridons sont placés derrière les chevaux.

8° A moins d'ordres de service, pendant toute la durée d'une revue: 1° aucun homme ne doit se montrer aux fenêtres; 2° aucun homme ne doit se montrer dans la cour du quartier dans une tenue autre que celle prescrite pour la revue.

N° 6.

DISPOSITIONS RELATIVES A L'AJUSTEMENT ET AU PORT DE CERTAINS EFFETS.

Talpack.

Le talpack se porte droit; le haut du pompon doit araser le calot du talpack et il ne doit pas y avoir d'intervalle entre le pompon et le plumet. Le talpack doit couvrir les sourcils; à cet effet, il peut y avoir lieu de serrer ou de desserrer la coiffe; mais l'on ne doit jamais incliner le talpack en avant.

L'aigrette est toujours verticale.

Flamme de talpack.

La flamme tombant naturellement, la ganse fixée à l'agrafe en fer du talpack, la maintenant à gauche, le milieu de la frange du gland arasant la partie inférieure de la coiffure.

Jugulaire.

La jugulaire est toujours portée sous le menton; ajuster la jugulaire de manière que la partie doublée corresponde au minimum de longueur; laisser à l'extrémité de droite trois anneaux libres; rentrer les anneaux libres en dedans, lorsqu'on accroche la jugulaire.

Bonnet de police.

Le bonnet de police se porte conformément à l'ordonnance.

Les sous-officiers et les sapeurs sont autorisés à porter, tant qu'ils ne sont pas de service ou à la manœuvre, un bonnet de police à coiffe de cuir, conforme au modèle déposé au magasin d'habillement.

Les sapeurs portent ce bonnet de police quand ils sont de planton chez le colonel.

Col.

Le col doit dépasser d'environ $0^m,01$ le collet du dolman ou de la veste.

Il doit être assez long pour que la patte de derrière soit parfaitement dissimulée.

Ajustement de la giberne.

Le bas du coffre de la giberne à hauteur des boutons supérieurs des sabots du dolman; la martingale en cuir verni des deux côtés, d'une longueur de $0^m,07$ de boutonnière à boutonnière, se fixant au bouton supérieur du sabot gauche; l'angle gauche supérieur de la boucle du porte-giberne sur la couture du dos du dolman. Le fleuron du porte-giberne laissant voir les deux boutons doubles d'attache, le passant en cuivre à égale distance du bas de la boucle et du fleuron.

Lorsque les hommes, placés par rang de taille, sont alignés, les boucles des gibernes doivent former une ligne continue inclinée de droite à gauche.

Ajustement du ceinturon.

Le ceinturon se porte sous le dolman; il est bouclé par devant et s'appuie bien exactement sur les hanches. La bélière antérieure doit être en arrière de la hanche gauche, de manière à toucher la bande postérieure du pantalon; la bélière de derrière doit passer au milieu de la taille entre les boutons des sabots du dolman. La longueur des bélières est réglée de manière que l'homme, étant à cheval, puisse atteindre aisément la poignée de son sabre.

Ajustement de la sabretache.

La sabretache doit tomber à gauche, en arrière de la bande du pantalon, de manière à frapper le mollet.

Les trois boucles des bélières doivent être à la même hauteur et le plus près possible des dés de la sabretache, les passants-coulants s'appuyant contre les boucles. La longueur des bélières est réglée de manière que la pointe de la sabretache soit à $0^{m},33$ de terre, l'homme étant debout, la plus petite bélière placée en avant.

Port du sabre.

Le sabre n'est jamais au crochet; l'homme le porte à la main gauche, la convexité du fourreau en dessus, la main contre le bracelet inférieur.

Il n'y a d'exception à cette règle que dans le cas de service particulier qui exigerait que le sabre fût fixé au crochet.

Port du cordon de sabre.

Le cordon doit être engagé dans la poignée du sabre, de manière que la partie libre tombe du côté des branches de la garde, le sabre étant décroché.

Il doit être maintenu dans cette position par un des passants-coulants; l'autre passant-coulant doit être assez éloigné du gland pour que le canonnier puisse engager le poignet dans le cordon.

Manière de porter le manteau.

Les bras doivent être passés dans les manches; l'agrafe bouclée; le corps du manteau et la rotonde boutonnés et le petit collet rabattu. Lorsqu'il pleut, le petit collet est relevé et sa patte boutonnée.

Cheveux.

Les cheveux sont coupés en brosse; ils doivent être courts, particulièrement derrière la tête. Il n'est pas porté de favoris.

Port des décorations.

Les décorations et médailles sont fixées :

1° Sur la deuxième tresse du dolman par une soutache d'une longueur suffisante et engagée dans le pli supérieur, formant ganse, de chaque ruban;

2° Sur la quatrième tresse du dolman par une soutache de la même longueur que la première, passée dans l'anneau des croix ou médailles, de manière à les fixer sur le dolman.

Le bout de la soutache qui se trouve du côté de la rangée des boutons du milieu, est cousu sur la tresse du dolman; l'autre bout, formant ganse, est passé dans le dernier bouton des deuxième et quatrième tresses.

Des passes sont placées sur chacune de ces tresses pour maintenir les soutaches.

Les décorations et médailles sont placées ainsi qu'il suit :

Placement de 2 décorations : entre les deux rangées de boutons de gauche.

Placement de 3 ou 4 décorations : la première décoration contre la rangée de gauche, du côté de la rangée du milieu, les autres (2 ou 3) entre les deux rangées de boutons de gauche.

Placement de 5 décorations : la première décoration contre la rangée des boutons de gauche, du côté de la rangée du milieu; les deux suivantes entre les deux rangées de gauche, et les deux dernières au-dessous des deux précédentes.

N° 7.

INSTRUCTION SUR LE PAQUETAGE.

Manière de préparer les effets pour le chargement.

1° Musette de pansage.

Brosse. — Étrille. — Éponge. — Peigne. — Époussette.

Placer la brosse à cheval, les crins en dessus, à l'un des coins de l'époussette, déployée dans son entier perpendiculairement à la diagonale; placer dessus l'étrille démontée, le milieu de la longueur correspondant au bout de la brosse, le manche sur la brosse, l'éponge sous la partie de l'étrille qui

2

dépasse la brosse; — le peigne à plat sur le dos de la brosse; — enrouler l'époussette autour de ces objets, le plus serrée possible; les extrémités de l'époussette étant rabattues l'une vers l'autre, engager le tout dans la musette du côté de la grande courroie, l'étrille au fond; — serrer le plus possible avec le côté libre de la musette et lier avec les courroies.

Ainsi disposée, la musette est de la longueur de la fonte.

2° *Musette de propreté.*

Brosse à reluire. — Brosse à habits. — Trousse. — Brosse à boutons. — Brosse à étendre. — Trousse à l'ordonnance. — Boite à cirage. — Boîte à graisse. — Boîte à tripoli.

Placer dans la musette à plat, du côté de la grande courroie, la brosse à reluire au fond, la brosse à habits à côté et en dedans, toutes deux les crins en dessus et dans la longueur de la musette; — la trousse au bout de la brosse à reluire; la brosse à boutons par-dessus la brosse à reluire, crins contre crins; la brosse à étendre à côté de la trousse, le manche vers la brosse à habits; — les boîtes à graisse, à cirage, à tripoli, serrées dans un chiffon, contre la trousse et au bout de la brosse à étendre; — serrer le tout avec la partie libre de la musette et lier avec les courroies.

3° *Les bottines.*

Les bottines, les tiges pliées sur les empeignes, les talons en dehors, les contre-forts des talons l'un un peu au-dessus de l'autre; les lier fortement ensemble avec les courroies des cache-éperons.

4° *Rouler le manteau pour mettre sur les fontes.*

Le manteau étant déployé dans son entier, étendre les manches parallèlement aux deux devants du manteau; les replier jusqu'à la hauteur du quart supérieur de la fausse poche, rabattre le grand collet par-dessus les manches, de manière que les devants couvrent exactement ceux du manteau et que les deux plis, que forme son ampleur, se trouvent dans la direction des fausses poches. (*La partie excédante du grand collet doit recouvrir les deux plis ainsi formés, et la couture du milieu correspondre à la fente du manteau.*)

Relever l'extrémité inférieure du manteau, de manière à en former un pli parallèle au petit collet, les parties latérales de la rotonde du manteau arrivant à droite et à gauche, entre les boutons de l'extrémité supérieure de chaque fausse poche.

Replier chacune des extrémités des devants du manteau, à hauteur du bout des manches, les deux plis parallèles, le manteau affectant une forme rectangulaire.

Renverser ensuite l'extrémité inférieure du manteau de $0^{m},16$ à $0^{m},18$, pour faire le portefeuille.

Rouler aussi serré que possible, en commençant par le côté du collet, appuyant le genou au fur et à mesure sur la partie roulée pour la contenir, et l'introduire dans le portefeuille avec précaution. (*Le manteau ainsi roulé ne doit pas laisser apercevoir la doublure des poches. Il a une longueur de sabre, plus $0^{m},20$, soit $1^{m},30$.*)

5° *Rouler le manteau pour mettre en sautoir.*

Cette manière de rouler le manteau diffère de la précédente en ce que les manches, au lieu d'être repliées à hauteur du quart supérieur des fausses poches ou du milieu de l'intervalle entre les boutons et l'extrémité supérieure de la fausse poche, sont seulement repliées de $0^{m},20$ environ. Le reste est conforme à ce qui précède.

6° *Faire le porte-manteau.*

Chemise. — Pantalon d'ordonnance. — Caleçon. — Mouchoirs. — Calottes. — Gants. — Cols.

Étendre la chemise à plat, sans ployer les manches; étendre le pantalon d'ordonnance retourné et boutonné, la brayette en dessous; le doubler en posant une jambe sur l'autre; plier les jambes de la longueur du porte-manteau, rabattre la portion de la ceinture excédante entre le corps du pantalon et les jambes; placer le pantalon ainsi ployé sur la chemise, entre les deux manches, les bandes près du col; étendre le caleçon sur le pantalon.

Répartir les mouchoirs, la calotte, les gants et le col aux extrémités, de manière qu'elles aient une épaisseur égale. (*Au pli des jambes est la plus mince.*)

Rabattre les deux manches de la chemise sur le pantalon; rouler les effets avec la chemise, en commençant du côté du col et en serrant le plus possible.

Le canonnier, commençant à rouler les effets du côté du col de la chemise, doit avoir la ceinture du pantalon à sa gauche et le pli des jambes à sa droite.

Introduire le boudin ainsi formé dans le porte-manteau, le côté gauche le premier, du côté opposé au bouton du porte-manteau; placer le livret dessus et fermer.

Mettre une chemise sous la patte et la disposer de manière que la plus grande épaisseur soit au milieu du porte-manteau, afin d'éviter la concavité qui se trouve ordinairement sous la courroie du milieu.

7° *Faire la besace.*

Veste. — Pantalon de treillis. — Plumet. — Flammes.

Retourner les manches de la veste, la doublure en dehors à demi-longueur de besace; placer la veste à plat, les manches ainsi disposées dans le prolongement l'une de l'autre; placer le pantalon de treillis, plié de la longueur de la besace, sur la veste, rabattre les manches par dessus, rabattre le bas de la veste par-dessus le pantalon de treillis et les manches; plier ce paquet en deux dans la largeur et l'introduire dans la besace.

Pour faire route, on met les flammes et le plumet dans la veste, dans la direction des manches.

Le dolman sans le pantalon se met de la même façon; on met alors le pantalon de treillis derrière le manteau.

8° *Le sac à distribution.*

Le sac à distribution doit être plié en quatre, dans sa largeur, de manière à ne pas laisser voir d'inscriptions. Il doit avoir $0^{m},20$ de moins que le manteau, environ $1^{m},10$, une longueur de sabre. Pour faire route, il doit contenir un pantalon de treillis.

9° *Rouler la corde à fourrage.*

Plier la corde en deux; faire trois plis avec cette corde doublée du côté de la chape, en laissant un bout libre suffisant; enrouler du côté opposé à la chape et passer le bout libre dans la chape pour former la couronne, passer ce bout libre (*qui fait ganse*) dans la ganse du côté opposé à la poulie, la poulie en dedans de la couronne; le bout libre par sa ganse servira de moyen d'attache à la courroie trousse-étrier du côté montoir.

10° *Rouler le bridon.*

Le bridon d'abreuvoir roulé se porte à la courroie trousse-étrier de droite.

Pour rouler le bridon, le prendre par le milieu avec la main gauche; placer la sous-gorge et le frontal dans la même main sous le dessus de tête, tirer l'une des rênes de toute sa longueur, placer avec la main droite le mors dans la main gauche, de manière que les anneaux à clavette se trouvent sous le dessus de tête; rouler la rêne libre autour du bridon ainsi disposé, en commençant par l'une des extrémités, ayant soin que les anneaux à clavette soient embrassés et entièrement recouverts par la rêne; cette opération terminée, passer le bout de la rêne, doublé en ganse, dans les deux ganses formées par les montants repliés sur eux-mêmes, et arrêter à l'une de ces ganses.

Chargement.

Quand le cheval est sellé, mettre en places les diverses courroies.

1° *Pistolet.*

Placer le pistolet dans la fonte; la lanière du pistolet doit être roulée en boudin, l'extrémité tenant au pistolet gansée et engagée dans la première partie pliée qui sert de base au boudin, de façon qu'en faisant haut le pistolet la lanière se déroule d'elle-même.

2° *Sacoche gauche.*

Les bottines bien enfoncées dans la sacoche, le talon le plus élevé du côté de la selle, l'autre en dehors.

3° *Sacoche droite.*

Les musettes, serrées le plus possible, sont placées sur champ dans la sacoche, la musette de pansage en arrière, pour être plus facile à prendre en route, l'ouverture en bas; la musette de propreté en avant, l'ouverture en haut; les serrer fortement l'une contre l'autre, bien enfoncées; faire un pli au milieu de la sacoche.

4° *Placer le manteau.*

Placer le manteau roulé sur le devant de la selle, le pli en arrière; l'envelopper par le milieu avec la courroie sans le déformer, le plus possible en arrière.

Placer le sac à distribution par dessus et à plat, serrer avec les quatre courroies fixes le manteau et le sac le plus possible; éviter de faire plisser le sac.

Serrer de même avec les courroies mobiles engagées le plus bas possible dans les passes du dessous des sacoches, de manière que les boucles soient à même hauteur que celles des courroies fixes immédiatement au-dessus.

5° *Placer la schabraque.*

Placer le couvre-fontes et le tapis, les réunir au moyen des courroies, fixer le couvre-fontes au moyen des courroies de paquetage, en ayant soin de le rabattre le plus possible vers les épaules du cheval.

6° *Placer le bissac.*

Pour prendre la tenue de route, il faudrait placer le bissac.

7° *Placer la besace et le porte-manteau.*

Placer les trois courroies de charge sans passants-coulants, la plus petite à gauche, les boucler sans serrer.

Serrer fortement la courroie du milieu, la boucle le plus près possible du crampon; passer le bout libre entre le troussequin et le porte-manteau au-dessus du crampon de gauche; le passer ensuite sous le porte-manteau en l'engageant dans la courroie de gauche et l'arrêter dans la courroie de droite.

Serrer fortement la courroie de gauche, la boucle le plus près possible du crampon; passer le bout libre en dessous du porte-manteau de gauche à droite et l'arrêter dans la courroie de droite.

Serrer fortement la courroie de droite, la boucle le plus près possible du crampon; passer le bout libre sous le porte-manteau de droite à gauche et l'arrêter entre la courroie de gauche et le troussequin en dessus du crampon.

Avec cette disposition, les bouts des courroies de charge ne doivent pas être engagés dans les passants fixes.

Les courroies sont verticales, les courroies extrêmes à égale distance de la courroie du milieu.

Les couronnes des bouts de porte-manteau bien verticales.

Lorsqu'on prend la besace, on la place devant le porte-manteau, la courroie du milieu passant par-dessus la besace et enveloppant le porte-manteau.

Conditions auxquelles doit satisfaire un paquetage bien fait.

Il faut :

1° Que les effets soient préparés de manière à occuper le moins de volume possible, et enfoncés autant que possible dans les sacoches ;

2° Que le manteau soit peu volumineux sous la main de la bride et ne dépasse pas le pourtour de la selle formant arcade inclinée d'arrière en avant ;

3° Que les bouts du manteau soient rabattus contre la selle le plus possible ;

4° Que le sac recouvre le manteau, de façon que le paquetage, vu à l'avant, présente moitié sac et moitié manteau à hauteur des courroies de côté ;

De même que, vu par le côté, le paquetage présente moitié sac et moitié manteau au-dessous de la courroie inférieure ;

5° Qu'on n'aperçoive ni inscriptions ni numérotages sur les couvertures et sur le sac ;

6° Que le couvre-fontes s'applique le plus près possible de l'épaule du cheval, ne relevant pas plus d'un côté que de l'autre, de façon à bien cacher le dessous du paquetage ; (*Recommander au canonnier de faire face à son cheval pour s'en assurer.*)

7° Que, vu par derrière, le porte-manteau cache la besace, et qu'il soit bien cintré, les courroies serrées le plus possible.

Du poitrail et des traits des chevaux de selle.

Le poitrail doit être peu serré, horizontal à quelques centimètres au-dessus de la pointe de l'épaule, de manière à ne pas nuire au mouvement et à ne pas gêner la respiration.

Les traits doivent contourner les quartiers de la selle le plus près possible et laisser entre l'anneau triangulaire et le boudin une partie libre de $0^{m},16$ de longueur.

Manière de rouler la longe.

Doubler la longe, la partie libre en dessous, engager la

partie doublée dans le porte-longe, de dessous en dessus, la partie libre du côté de la croupe; donner à cette partie doublée une longueur qui variera avec la longueur de l'encolure du cheval; entourer une première fois, avec la partie excédante, la longe et la partie doublée près du dé; continuer à en entourer la partie doublée seulement, engager le bout libre dans l'extrémité de la partie repliée de dessous en dessus et ensuite de dessus en dessous, le bout en bas, de manière qu'en tirant toute la longe se déroule.

Conditions d'un cheval bien bridé et bien harnaché.

Il faut:

1° Que les frontaux se recouvrent exactement, ainsi que les dessus de tête;

2° Que les trois boucles de chaque côté soient à même hauteur, à quelques centimètres au-dessus des os des tempes;

3° Que les deux sous-gorges, se superposant, passent dans l'alliance du licol, sans serrer, les montants en arrière des os des tempes;

4° Que le dessus de nez du licol, aussi rapproché que possible des os des joues, élève le filet au-dessus du mors de la bride;

5° Que le mors étant à quelques centimètres au-dessus des dents, les porte-mors soient serrés de façon que les passants soient aussi près que possible de l'œil du mors;

6° Que, la gourmette placée, le mors puisse basculer à 45° environ en arrière de la ligne des montants.

Dans les manœuvres et les routes, les sous-verges ne doivent être que légèrement rênés, de manière à leur laisser une liberté suffisante de mouvements; pour les revues, ils doivent être rênés plus fortement, afin de leur maintenir la tête directe et convenablement élevée.

En garnissant le sous-verge, on doit placer le surfaix de couverture de telle façon que la sous-ventrière du surfaix de sous-verge le cache entièrement.

Prescriptions relatives au manteau enveloppé par le milieu, avec sa courroie, sans le déformer.

Passer toujours la courroie par le milieu du chapelet, en l'engageant d'avant en arrière et de dessus en dessous dans la chape traversée par le crampon, de manière à placer la boucle du manteau à hauteur du milieu de son épaisseur.

Cette mesure permet de mieux obtenir l'inclinaison prescrite pour le paquetage de devant.

Les selles actuelles ayant l'inconvénient de gêner le cavalier par le frottement des fontes contre les genoux, on doit adopter la disposition suivante, qui est d'ailleurs favorable à l'inclinaison désirée dans le paquetage. (L'emploi des petites courroies d'assemblage de la fonte et du chapelet avec la selle est supprimé.)

La fonte et le chapelet sont fixés par le bas à la selle, ainsi que le manteau, par la seule courroie inférieure de paquetage; cette courroie reste toujours sur la selle comme la courroie supérieure; elle est engagée d'arrière en avant dans les crampons qui étaient destinés à la courroie d'assemblage, et passée ensuite dans les passants en cuir qui se trouvent sur la fonte, ce qui permet d'attirer, en serrant la courroie, le bas de la fonte ou de la sacoche en avant, ainsi que les bouts du manteau.

Cette disposition procure à la fois une grande fixité du paquetage, toute l'aisance désirable pour les genoux et les cuisses et l'inclinaison prescrite pour le manteau.

La lanière de pistolet roulée en boudin, comme cela est indiqué, est fixée à l'anneau du crampon de dragonne, ou au crampon lui-même, dans les selles qui n'ont pas d'anneau.

Le boudin doit prendre place dans la fonte à côté du pistolet. La corde à fourrage, roulée comme il est prescrit, doit être suspendue à la courroie trousse-étrier, du côté montoir, par la ganse de son bout libre et non par le boudin lui-même formé par la corde.

La courroie trousse-étrier doit être percée de plusieurs trous, de manière à pouvoir serrer le plus possible la ganse de la corde en la remontant contre la boucle pour la rendre bien fixe.

Crochet à anneau.

Le crochet à anneau suspendu à la plate-longe est toujours placé de manière à permettre l'introduction de la maille de la chaîne d'attelage de dessus en dessous et de dehors en dedans, c'est-à-dire que la pointe du bec du crochet est tournée vers le cheval.

Crochets tête de trait.

Les crochets tête de trait ont également leur bec dirigé en dedans, vers le cheval, pour que les chaînes de bout de trait puissent facilement s'accrocher de dehors en dedans.

Boucles de colleron.

Quand les deux collerons sont dissemblables, les boucles sont toujours placées extérieurement, c'est-à-dire à la droite, pour le sous-verge, et à la gauche, pour le porteur.

Courroie de paquetage.

Pour obtenir de l'uniformité et afin d'éviter l'usure ou les déchirures qui résultent souvent du frottement de la schabraque ou des effets de l'homme contre la boucle de la courroie inférieure de paquetage, cette boucle est toujours fixée en avant du paquetage au milieu de l'épaisseur du manteau.

Pour obvier à la difficulté qu'on éprouve à boucler et à déboucler le poitrail, lorsque le cheval est en paquetage complet, chaque selle reçoit une petite courroie porte-montant de poitrail mobile.

Cette courroie, qui doit s'adapter à la boucle porte-montant de poitrail de gauche, est percée d'un trou unique, à l'une des extrémités; à l'autre on fixe une boucle n° 6. La longueur mesurée du trou de la courroie au bord externe de la boucle est de $0^{m},04$.

On a soin, en fixant le poitrail, pour compenser la longueur donnée par la petite courroie, de boucler le montant droit plus bas de deux trous que le montant gauche.

Le maître-sellier fournit les courroies à raison de $0^{f},16$ l'une et est chargé de leur entretien.

Poches porte-fers.

Pour prévenir les déformations des dessus de poches porte-fers, le maître-sellier les fait fixer de chaque côté par deux points de couture que MM. les commandants de batterie pourront toujours faire découdre à volonté, lorsque l'on sera dans le cas de porter réellement des fers.

N° 8.

EFFETS DE CAMPEMENT.

Les effets de campement délivrés aux batteries (l'effectif de chaque batterie étant de 155 hommes) consistent en :

36 marmites,
36 bidons,
36 gamelles,
24 piquets d'attache;
125 mètres de cordage.

En prenant la section pour base de répartition, chaque section doit recevoir :

12 marmites,
12 bidons,
12 gamelles.

Chaque sous-verge, y compris celui de l'attelage haut-le-pied de la section, porte une marmite du côté montoir et un bidon du côté hors-montoir.

Chaque cheval de servant porte une gamelle.

Les garde-chevaux ont : ceux du 1er rang, une marmite; ceux du 2e rang, un bidon.

Les chefs de caisson portent : celui de droite, une marmite; celui de gauche, un bidon[1].

Les 125 mètres de cordage sont divisés en 6 parties d'environ 21 mètres; deux d'entre elles, avec 8 piquets d'attache complétant les moyens de campement d'une section, sont portées sur les caissons.

Placer un ustensile sur un sous-verge.

L'ustensile est placé sur la partie latérale du mantelet, le bec ou la douille vers le garrot du cheval.

Pour le fixer, placer sa courroie :

1° De dehors en dedans, dans le crampon inférieur de l'ustensile ;

2° D'arrière en avant et de bas en haut, dans la chape inférieure du mantelet;

3° De bas en haut, dans la chape postérieure du mantelet;

4° De dedans en dehors, dans le crampon supérieur de l'ustensile.

Boucler et serrer fortement; engager le bout libre dans le passant fixe de la courroie, dans le crampon de l'ustensile, et l'arrêter sous l'ustensile en l'y engageant d'arrière en avant.

Placer un ustensile sur un cheval de selle.

L'ustensile est placé du côté hors-montoir, posant par sa partie concave sur le devant de la sacoche. La courroie, passée

1. La marmite et la gamelle sont enveloppées d'un étui en fort treillis noir, pour amortir les chocs auxquels elles peuvent être exposées et pour préserver la schabraque de toute détérioration.

dans les deux crampons ou les deux anneaux, embrasse la charge de devant, au-dessus de la courroie inférieure du paquetage. Elle est bouclée et serrée fortement.

Manière de rouler les tentes-abris.

Étendre sur le sol les 3 toiles d'une tente placées bien exactement l'une sur l'autre; placer parallèlement et à $0^{m},30$ environ d'un des côtés du carré des toiles un faisceau composé des trois bâtons, séparés chacun en 2 morceaux, et disposés de manière à avoir la longueur de la lame du sabre.

Compléter ce faisceau avec les 6 petits piquets mis bout à bout et étendre par dessus l'une des 3 ficelles; doubler les toiles du côté opposé sur une longueur de $0^{m},30$ environ; rabattre ensuite les toiles à droite et à gauche bien carrément sur elles-mêmes et sur les bâtons; replier également sur les bâtons le premier côté des toiles; rouler les toiles autour du faisceau des bâtons et piquets comme on roule un manteau, les 3 hommes auxquels appartient la tente serrant à la fois fortement le rouleau de manière à le rendre aussi mince et aussi régulier que possible. Fixer les deux ficelles qui restent à $0^{m},05$ ou $0^{m},06$ de chaque extrémité du rouleau par un nœud coulant fortement serré; enrouler les ficelles en hélice autour du rouleau, l'une de droite à gauche, l'autre de gauche à droite, de manière à pouvoir nouer ensemble les bouts libres vers le milieu du rouleau.

Chargement des marche-pieds.

Placer un premier rouleau de tente sur le marche-pied du caisson le long du coffre, de manière qu'il ne le dépasse ni d'un côté ni de l'autre; placer successivement deux autres rouleaux à côté du premier de la même manière. Former une seconde couche avec 2 rouleaux dans les vides de la première, et, si le caisson doit porter 6 tentes, placer le 6e rouleau par-dessus les derniers. Brêler fortement le paquet des tentes avec deux cordes à fourrage, en ayant soin de n'embrasser avec ces cordes que les planches du marche-pied seulement.

Transport du cordage et des piquets destinés à une section.

Chaque caisson porte 4 piquets.

Ils sont placés horizontalement sur la bande de support d'essieu porte-roue de rechange, deux à gauche, deux à droite, les pointes reposant sur le corps d'essieu, les anneaux de tête en dessus et un peu en avant de la bande de support. Former avec la corde pliée de la longueur du coffre un rouleau comme on fait pour la corde à fourrage, en ayant soin que les brins repliés laissent à chaque extrémité une ganse par laquelle puisse passer facilement le brin libre qui devra conserver environ 3 mètres de longueur. Placer le rouleau entre le coffre de derrière du caisson et l'essieu porte-roue, le brin libre engagé dans la ganse de l'extrémité de droite; envelopper avec ce brin de dehors en dedans le brancard de droite pour fixer le rouleau, le passer ensuite dans les anneaux des piquets et par dessus l'essieu porte-roue, embrasser le brancard de gauche de dedans en dehors, le passer dans la ganse de l'extrémité de gauche du rouleau de dessous en dessus, l'arrêter par des demi-nœuds, le bout libre se perdant derrière le rouleau.

Quart et petit bidon.

Le petit bidon est porté en sautoir, à gauche et par-dessus le porte-giberne. Il est recouvert en drap et doit toujours être maintenu dans un état convenable de propreté.

Le quart est suspendu à la courroie porte-bidon.

N° 9.

COMPOSITION DES TENUES.

MM. les officiers doivent toujours porter le bonnet de police réglementaire, et ne jamais laisser paraître ni chaînes de montre ni breloques.

Dans les réunions officielles, ils doivent porter des armes et des décorations du modèle réglementaire.

Ils sont en spencer quand ils sont commandés pour une réunion à laquelle doit assister le colonel.

La capote à un rang de boutons est la seule adoptée au régiment; elle ne doit pas avoir de gousset de montre apparent.

En cas de mauvais temps, dans tout service avec la troupe où MM. les officiers sont en armes (promenade des chevaux, fourrage, etc.), ils ne doivent porter que le manteau.

Les bottes à l'écuyère sont tolérées dans tout service à cheval où MM. les officiers exercent seulement des fonctions de surveillance et ne commandent pas de troupe. Elles sont interdites dans le service de semaine, aux manœuvres d'artillerie et aux manœuvres à pied. Elles ne sont jamais portées avec le pantalon de toile.

Les sous-officiers portent le pantalon de cheval jusqu'à midi; à partir de midi ils sont en pantalon d'ordonnance.

Les sous-officiers, brigadiers et canonniers mettent leur meilleur dolman et leur meilleur pantalon pour la parade de la garde (*à l'exception du peloton d'ordre*), pour les revues et pour sortir du quartier, le dimanche et les jours de fête. En cas de mauvais temps, le colonel fait donner d'autres ordres, s'il y a lieu.

Pour les manœuvres d'artillerie et les manœuvres à pied, les brigadiers et canonniers sont en veste n° 1 et pantalon de cheval en bon état.

Pour la manœuvre à cheval, la veste n° 2 est tolérée, pourvu qu'elle soit suffisamment propre.

Pour les instructions de voltige et de gymnastique, les brigadiers et canonniers portent la veste n° 2.

Les capitaines commandants veillent à ce que les hommes ne conservent ni veste n° 2, ni pantalon de cheval en mauvais état.

N° 10.

DEUIL.

D'après les instructions de S. Exc. le grand maître des cérémonies de la maison de l'Empereur, le grand deuil doit se porter seul avec le crêpe au bras et à l'épée.

Le deuil ordinaire et le petit deuil doivent se porter le crêpe à l'épée seulement.

En conséquence, MM. les officiers de service ne porteront que le crêpe à l'épée, la cour étant en deuil ordinaire.

2e SÉRIE.

MANŒUVRES, COURS ET INSTRUCTIONS.

N° 1.

INSTRUCTION SUR LES DÉFILÉS.

Dans les défilés, le colonel n'a aucun officier à côté de lui.

Le lieutenant-colonel défile à 5 pas derrière le colonel, ayant à côté de lui, du côté opposé au guide, le chef d'escadron commandant les premières batteries (*ou les premiers escadrons*), et le major, s'il est présent.

Le capitaine commandant la 1re batterie (*ou le 1er escadron*) marche à 4 mètres en arrière des officiers de l'état-major.

Les autres officiers défilent tous à la place indiquée par le Règlement.

Dans tous les défilés, la troupe ainsi que tous les officiers tournent la tête du côté de la personne à laquelle on rend les honneurs.

A cet effet, lorsque le défilé s'exécute en colonne avec distance, les capitaines commandants font le commandement : *Guide à droite* (*ou à gauche*) à 20 pas de la personne devant laquelle on défile, et, après l'avoir dépassée, le commandement : *Fixe,* pour faire replacer la tête directe.

Les hommes, en même temps qu'ils tournent la tête dans la direction indiquée, sentent légèrement la botte de ce côté et ont soin de ne pas changer de direction.

Si le défilé s'exécute en colonne serrée, le colonel, 15 pas avant d'arriver à hauteur de la personne devant laquelle on défile, fait le commandement : *Guide à droite (ou à gauche)*; la dernière batterie (*ou le dernier escadron*) ayant dépassé de 3 pas cette personne, le colonel commande: *Fixe*, et le régiment replace la tête directe.

Aux revues de l'Empereur, tous les officiers saluent du sabre ou de l'épée, au moment où Sa Majesté passe devant eux et aussi en défilant; les sous-officiers ne saluent pas, même quand ils remplissent les fonctions d'officiers.

Les médecins et les vétérinaires doivent tous assister aux revues de l'Empereur, à l'exception du médecin et du vétérinaire de semaine.

N° 2.

DISPOSITIONS POUR LES INSPECTIONS A PIED.

Pour les revues à pied, l'inspection des pièces est faite par les chefs de pièce, dans les chambres, par les lieutenants et capitaines, suivant l'esprit du Règlement. Chaque sous-officier est responsable de la tenue des hommes de sa pièce, et puni, s'il n'a pas puni lui-même tout homme sale ou mal tenu.

Après le rapport verbal de son inspection fait par le capitaine au chef d'escadron, les hommes, dans chaque batterie, sont placés par rang de taille; à cet effet, les maréchaux-des-logis-chefs ont le contrôle de leurs hommes par rang de taille.

Comme le prescrit le Règlement, les brigadiers sont placés aux ailes, comptant dans le rang, encadrés par deux sous-officiers ne comptant pas dans le rang.

L'adjudant de batterie, lorsqu'il ne remplit pas les fonctions d'officier, est placé en serre-file derrière le centre de la batterie.

Après avoir reçu les rapports des chefs d'escadrons, le lieutenant-colonel prend le commandement du régiment.

Pour une inspection du colonel, le major, les officiers de l'état-major et les capitaines en second non employés se placent à la droite de la 1re batterie.

Pour l'inspection d'un officier général, à moins d'ordre contraire, les officiers de l'état-major se placent comme le prescrit le Règlement (*Bases générales de l'instruction*).

Dans ce dernier cas, les capitaines en second, si l'inspection se passe par batterie, se mettent en serre-file à côté de l'adjudant.

Si le colonel doit passer l'inspection, le lieutenant-colonel, dès que le colonel paraît, fait porter le sabre et commande l'alignement. Cet alignement dans chaque batterie est rectifié sans cris, plutôt par signes qu'à voix haute; l'alignement terminé, les capitaines à leurs postes, officiers, sous-officiers et soldats conservent l'immobilité la plus complète pendant le temps consacré par le colonel à examiner la troupe.

L'inspection du colonel commencée, toutes les batteries non inspectées sont mises par leur capitaine, sur l'ordre du chef d'escadron, l'arme au bras, en place repos.

Dans cette dernière position, les hommes ne doivent pas baisser la pointe de leur sabre; chaque capitaine, l'inspection de la batterie qui précède presque terminée, fait porter le sabre et rectifier l'alignement, se porte à la rencontre du colonel, le salue du sabre et l'accompagne pendant son inspection, ainsi que le chef d'escadron de sa division.

Le chef d'escadron et le capitaine restent à leur place pour l'inspection d'un officier général, à moins d'ordres contraires.

Toute batterie inspectée est immédiatement mise en place repos par son capitaine.

Ces différentes prescriptions n'ont qu'un but: ne pas fatiguer inutilement l'attention des hommes, les laisser l'arme au bras, ou en place repos, toutes fois que faire se pourra, mais exiger en dehors du repos une immobilité et une régularité complètes, dont les officiers doivent être les premiers à donner l'exemple.

Le maniement du sabre s'exécute au commandement de l'officier supérieur ayant le commandement de la troupe entière.

Lorsque le commandement préparatoire: *Maniement du sabre* est fait, les sous-officiers et canonniers exécutent les mouvements commandés; les officiers conservent, pendant cet exercice, la position sous les armes qu'ils avaient avant le commandement préparatoire.

Les alignements par batterie s'exécutent comme les alignements par escadron.

A cet effet, chaque batterie a ses guides principaux désignés. On rappelle que les alignements les plus prompts et les plus corrects sont ceux qui s'obtiennent en exigeant des hommes qu'ils se tiennent à un pas ($^2/_3$ de mètre) de la ligne de bataille; les guides sont donc alignés correctement et promptement sur les officiers des escadrons déjà placés.

Quand l'inspection doit être suivie du défilé, les batteries sont successivement formées en escadrons.

Lorsque les officiers d'état-major ne doivent pas défiler, ils se placent, pour le défilé, un peu en arrière de l'officier général ou supérieur devant lequel a lieu le défilé, et du côté opposé à celui par lequel doit arriver la troupe.

Les capitaines en second non employés se réunissent aux officiers d'état-major.

Si ces officiers défilent avec le régiment, ils se placent comme le prescrit le Règlement.

Pour le défilé, les chefs de peloton se placent au centre de leur peloton; ils sont responsables de la distance et de la tenue pendant le défilé des hommes de leur peloton, qui doivent tous conserver la position régulière de l'arme commandée.

Le guide de chaque peloton, en se dirigeant sur le guide du peloton qui précède, marche de manière à tenir son peloton à un pas du chef de peloton.

Les hommes, avec la main gauche, maintiennent le fourreau du sabre.

On conserve entre les escadrons, pour le défilé, plutôt trop que pas assez de distance.

Pour éviter toute diversité d'interprétation dans le défilé guide à droite, les serre-files, au commandement : *Pour défiler, guide à droite,* se placent du côté opposé au guide, et le guide particulier de droite passe en serre-file derrière la 2e file de droite de son peloton.

Après le défilé guide à droite, le guide est replacé à gauche par le commandant de l'escadron, et chaque escadron mis l'arme au bras par son capitaine commandant, si le défilé a lieu au port d'armes.

Toutes les fois qu'une inspection soit à pied, soit à cheval, a lieu hors du quartier, un peloton à pied ou à cheval est commandé d'avance et placé sous les ordres d'un maréchal-des-logis, pour fournir les factionnaires nécessaires et pour tenir dans tous les sens la foule éloignée.

Le sous-officier chef de peloton est sous les ordres de l'adjudant-major présent.

N° 3.

PORT DU SABRE.

Pour éviter les diverses interprétations auxquelles a souvent donné lieu le texte de la théorie relatif au port du sabre à pied, on donne à l'expression : *le poignet appuyé à la hanche* la signification suivante : Le gras du pouce placé sur le passe-poil qui sépare les deux bandes du pantalon, le dessus du pouce touchant le bord inférieur de la veste ou du dolman.

Cette position du poignet, depuis longtemps fixée et consacrée par l'usage du régiment, doit être l'objet de l'attention des instructeurs, ainsi que des officiers et sous-officiers, dans tous les rassemblements d'hommes en armes à pied, spécialement dans les inspections, et pour les factionnaires rendant les honneurs.

A cheval, l'expression : *le poignet sur le haut de la cuisse* est interprétée comme il suit : Le gras du pouce placé comme à pied, sur les bandes du pantalon, mais la main descendant jusqu'à ce que le petit doigt repose sur la cuisse.

Dans les rectifications qui sont faites dans le port du sabre sur les rangs, on ne doit pas oublier que la tendance naturelle des hommes est de porter la main toujours en avant, ce qui fait dépasser beaucoup trop en avant de l'alignement les branches de la garde et la poignée.

N° 4.

MANŒUVRES ET INSTRUCTIONS.

Maniement des armes.

N° 101. *L'arme* (au) BRAS = 1 temps = 3 mouvements.

A la dernière partie du commandement, qui est BRAS, saisir la lame avec la main gauche, à hauteur du téton droit, le pouce allongé sur la lame.

Au commandement 2, saisir avec la main droite les branches de la garde, le pouce entre les deux premières branches, les autres doigts derrière.

Au commandement 3, allonger le bras droit de toute sa longueur et replacer la main gauche sur le côté.

Portez (le) SABRE = 1 temps = 3 mouvements.

A la dernière partie du commandement, qui est SABRE, remonter la main droite à la hanche sans déranger la position des doigts, saisir la lame avec la main gauche à hauteur du téton droit, le pouce allongé sur la lame.

Au commandement 2, replacer la main droite à la poignée, le petit doigt en dehors de la poignée, les autres fermés, le poignet appuyé à la hanche.

Au commandement 3, replacer vivement la main gauche sur le côté.

Charge du pistolet rayé.

N° 601. *Prenez* (la) CARTOUCHE = 1 temps.

A la dernière partie du commandement, qui est CARTOUCHE, prendre une cartouche, la tenir entre le pouce et les deux premiers doigts et la porter près de la bouche.

N° 602. *Déchirez* (la) CARTOUCHE = 1 temps.

A la dernière partie du commandement, qui est CARTOUCHE, mordre le bout du papier qui déborde et le tirer avec les dents pour le dégager de l'étui ; déchirer le papier le plus près possible du carton en tournant la main, descendre la cartouche et la placer près de la fraisure de la baguette.

N° 603. *Cartouche* (dans le) CANON = 1 temps.

A la dernière partie du commandement, qui est CANON, fixer les yeux sur la fraisure de la baguette, y verser une partie de la poudre de manière à la remplir ; élever la main jusqu'au bout du canon et la retourner vers le corps en élevant le coude à hauteur du poignet ; verser le reste de la poudre dans le canon, secouer la cartouche, la retourner en ramenant la paume de la main vers le corps, engager la balle dans le canon jusqu'à la naissance de l'ogive, en tenant l'étui les ongles en dessous ; rompre d'un seul coup le papier de l'enveloppe, en renversant la main sans soulever la balle ; enfoncer la balle dans le canon en appuyant sur le méplat qui la termine, avec la paume de la main ; saisir la baguette par la tête avec le pouce et les deux premiers doigts, le poignet renversé.

N° 604. *Tirez* (la) BAGUETTE = 1 temps.

A la dernière partie du commandement, qui est BAGUETTE, dégager la baguette du canal, la saisir à pleine main près de l'embouchoir le poignet renversé, achever de la dégager du canal, en jetant la poudre qui se trouve dans la tête, retourner le poignet ; coiffer l'ogive avec la fraisure, et enfoncer la balle jusqu'à ce qu'elle repose sur la charge.

N° 605. BOURREZ = 1 temps.

Au commandement BOURREZ, assurer l'appui de la balle sur la charge par un seul coup de baguette; retirer la baguette, la prendre par le milieu, renverser le poignet, la remettre dans le canal en l'enfonçant avec la paume de la main, replacer le poignet gauche en passant la crosse entre les rênes et le corps, et saisir le pistolet de la main droite à la poignée.

N° 606. *Haut* (le) PISTOLET = 1 temps.

Comme le prescrit la théorie.

Manœuvre à pied.

N° 337. Dans l'ordre en colonne serrée par division, les serre-files des deuxièmes divisions marchent derrière les mêmes files que ceux des premières.

N° 203. Dans la colonne par peloton, les guides particuliers du côté du guide doivent toujours être en serre-files, et les guides particuliers du côté opposé sur l'alignement du premier rang de leur peloton.

Manœuvre à cheval.

N° 826. Dans la contre-marche à l'École d'escadron, le guide principal du côté où la contre-marche est commandée doit marquer le point de la conversion, comme il est prescrit pour le serre-file à l'École de peloton.

N° 778. Lorsqu'on exécute un changement de direction du côté du guide, le guide principal qui doit marquer le point de la conversion se porte à ce point en passant derrière le deuxième rang du peloton tête de colonne, et revient à sa place du côté opposé au guide en passant par la queue de la colonne.

N° 819. Dans les marches en bataille au galop et les charges, le deuxième rang prend 4 pieds de distance au lieu de 2.

N° 758. Dans l'ordre en colonne pour défiler, les serre-files marchent du côté opposé au guide à la hauteur du premier rang de leur peloton respectif. Les guides particuliers qui devraient passer en serre-files passent du côté opposé, à hauteur du deuxième rang (*dans le défilé à cheval seulement*).

BATTERIES ATTELÉES.

BASES DE L'INSTRUCTION.

Chefs de caisson.

Les artificiers et, à leur défaut seulement, les brigadiers sont chefs de caisson; les brigadiers qui restent disponibles sont placés dans les pelotons.

Harnacher le sous-verge.

Pour fixer le sur-dos, engager la chape du sur-dos dans sa passe entre les cuirs du contre-sanglon de croupière; introduire le contre-sanglon libre du sur-dos entre les cuirs du contre-sanglon de croupière, par-dessus la passe, puis dans la chape du sur-dos.

Transformer un trait de devant en trait de derrière.

Tirer les deux extrémités du trait, passer l'extrémité antérieure dans la ganse formée par l'extrémité postérieure, introduire ensuite la chaîne de bout de trait dans la ganse que présente la première extrémité et tirer le tout.

École de section.

Les changements de front sont faits à l'École de section, en se conformant à ce qui est prescrit pour la section-pivot à l'École de batterie.

Le chef de section fait les commandements prescrits pour le capitaine commandant, et le sous-instructeur les commandements prescrits pour les chefs de section.

La colonne formée de deux caissons doit marcher 25 pas devant elle avant de faire son changement de direction à droite (ou *à gauche*).

N° 145. Dès que les deux trains sont séparés, les avant-trains font deux à-gauche successifs au trot, passent à 7 mètres à gauche de leurs pièces, marchent dans cette direction, puis exécutent deux autres à-gauche successifs, en venant raser les pelotons de chevaux, pour se placer dans le prolongement de leurs pièces, et s'arrêtent à 6 mètres de l'extrémité du levier de pointage. Le levier de pointage n'est mis en place qu'après l'exécution du demi-tour à bras.

Dans les mises en avant en batterie, les sous-instructeurs et chefs de section, au commandement HALTE, se portent rapidement à hauteur des bouches à feu et s'assurent qu'elles sont alignées, ainsi qu'il est prescrit aux n°s 145 et 281. Les chefs de section doivent pour cela rester toujours entre leurs deux pièces et faire leurs rectifications, s'il y a lieu, promptement et à voix basse.

N° 160. Dans les feux en retraite à la prolonge, les pelotons de chevaux sont placés face en arrière, comme les caissons et les avant-trains.

Si le mouvement de retraite se fait au trot, les servants remettent en place l'écouvillon et le levier de pointage et courent à leurs chevaux pour monter à cheval.

Ces mouvements s'exécutent au commandement préparatoire: *Au trot,* le chef de la manœuvre attendant qu'ils soient terminés pour faire le commandement MARCHE.

Au commandement: *Déployez la prolonge,* le peloton de chevaux fait son demi-tour, le pivot parcourant un demi-cercle de 5 mètres, de manière à dégager le terrain sur lequel le caisson doit passer; il se place ensuite derrière le caisson en appuyant à gauche.

École de batterie.

N° 322. Dans les changements de front, l'aile gauche en arrière, la pièce-pivot étant placée dans la nouvelle direction, les autres éléments de la section-pivot se mettent en mouvement dans l'ordre suivant :

1° Caisson de droite;

2° Avant-train de droite suivi de son peloton;

3° Pièce de gauche;

4° Caisson de gauche;

5° Avant-train de gauche suivi de son peloton.

Quand le mouvement s'exécute sur la pièce de gauche, l'aile droite en arrière, la succession des mouvements reste la même, bien que la symétrie ne soit pas complète.

Le caisson de la pièce voisine du pivot, en doublant son avant-train dans le mouvement préparatoire, le laisse toujours à gauche.

Les avant-trains de la section-pivot, en se portant en avant du front primitif, doivent avancer suffisamment pour dégager la place des pelotons de chevaux qui restent derrière eux.

Les pelotons de chevaux de la section-pivot, au commandement MARCHE, conversent du même côté que les avant-trains, pour marcher à hauteur de la roue, comme il est prescrit dans le premier changement de front.

Évolutions de batteries attelées.

N° 446. Dans les ruptures en deux colonnes respectives sur les sections du centre de la ligne, les capitaines commandants des batteries des ailes doivent attendre, pour faire le commandement MARCHE, le moment opportun, de manière à avoir leurs distances.

N°s 521-523. Dans les changements de front centraux, le capitaine commandant de la batterie voisine de la pièce-pivot ne doit pas commander: *Batterie en avant;* il doit commander de suite : *Batterie à droite* (ou *à gauche*), de manière que ce mouvement commence lorsqu'il répète le commandement MARCHE du colonel.

Pour l'exécution pratique de ce mouvement de batterie à droite (ou à gauche), l'observation faite dans la théorie ne s'applique pas aux batteries à cheval; celles-ci font leur à-droite (ou leur à-gauche) régulier, puis obliquent un peu pour ne pas avoir trop d'intervalle.

Observations. Dans les changements de front centraux, les batteries de l'aile désignée par le commandement ont toujours les pièces en tête après le mouvement préparatoire; les autres ont les caissons en tête.

Dans les changements de front, toutes les batteries font leur mouvement préparatoire en même temps que la batterie-pivot, de manière que le mouvement d'ensemble s'exécute de suite au commandement MARCHE du colonel.

N° 5.

ENTRETIEN DES ARMES.

Le tripoli, l'huile, la graisse, l'émeri et la brique pilée préparés avec de la graisse, doivent être pris exclusivement chez le maître-armurier; l'usage du grès, de la brique anglaise, de la gourmette, de la paille de fer, du papier verré, de la courroie, est formellement interdit.

Chaque homme doit être pourvu de tous les objets nécessaires à l'entretien des armes, indiqués au tableau n° 3 affiché dans les chambres; il doit, en outre, avoir une deuxième boîte cylindrique, en fer-blanc, contenant: dans le plus grand compartiment, de l'émeri préparé avec de la graisse; dans le plus petit, de la brique pilée préparée avec de la graisse.

Sabre. Le fourreau, dans les chambres, doit toujours avoir le poli mat et être graissé, ainsi que la lame.

Après chaque exercice, le fourreau et la lame doivent être essuyés avec un linge sec et passés sur la pièce grasse; si le fourreau est marqué par la rouille, il faut le frotter dans le sens de la longueur avec une curette en bois tendre recouverte d'un mélange de graisse et d'émeri; si le fourreau et la lame sont gravés, il faut les faire dérouiller par le chef-armurier; dans tous les cas il faut ménager la brasure et les parties qui avoisinent les bracelets et le dard.

Toute dépression indiquant une usure inégale dans ces parties entraîne le refus du fourreau, qui est porté au compte de l'homme.

Pistolet. Le canon doit toujours être aussi propre intérieurement qu'extérieurement; le tampon doit y être constamment dans les chambres et dans les exercices à blanc.

Le canon et les pièces de la platine doivent être entretenus d'après les principes prescrits pour le sabre; la platine doit être démontée le plus rarement possible; le mécanisme est essuyé avec un linge sec au moins une fois par semaine, puis frotté avec une brosse douce imprégnée de graisse, et passé sur la pièce grasse, de manière à ne pas laisser d'amas de graisse entre les pièces de la platine.

Si le jeu de la platine n'est pas liant, il faut mettre une goutte d'huile dans la griffe du grand ressort, au pivot de la noix et de la gâchette.

Chaque fois qu'une vis est sortie de son trou, son filet doit être nettoyé et graissé.

En remontant le pistolet, il faut avoir soin de ne pas changer les vis de place et de les serrer à fond; le bois doit être essuyé dans toutes les parties avec un chiffon gras.

Cuivre. Les pièces en cuivre ne sont jamais graissées; elles doivent être nettoyées avec un linge imprégné d'un mélange de tripoli et de vinaigre ou d'eau-de-vie; il faut donc, en nettoyant, éviter l'emploi direct du fer et du bois, afin de ne pas rayer le cuivre.

N° 6.

PROMENADES MILITAIRES.

Chaque batterie attelle 6 pièces, 6 caissons et emmène un attelage haut-le-pied et un maréchal-ferrant.

Les attelages haut-le-pied sont réunis à la queue de la colonne, sous les ordres d'un brigadier.

Il y a une avant-garde et une arrière-garde.

Les sous-verges ont les couvertes ; on ne prend pas les bridons d'abreuvoir.

Un seul capitaine marche avec sa batterie, qui a la composition de la batterie de manœuvre.

Un médecin et un vétérinaire accompagnent le colonel.

Le manteau d'ordonnance est exclusivement porté pendant les promenades militaires; il n'est déployé que sur l'ordre donné et reployé de même.

A la sonnerie d'un demi-appel, toutes les voitures prendront la droite de la route, autant que possible.

A la sonnerie HALTE, suivie d'un demi-appel, tout le régiment met pied à terre (*officiers et troupe*); on ne remonte à cheval qu'à la sonnerie A CHEVAL. Étant pied à terre, si la marche est sonnée, tout le monde marche (*officiers et troupe*), les hommes tenant leurs chevaux par la figure.

Les divisions se succèdent en tête de colonne.

Le capitaine instructeur et le capitaine adjudant-major non de semaine marchent avec le colonel;

Un adjudant-major seulement, quand le lieutenant-colonel commande la promenade.

N° 7.

RECHANGES DU MATÉRIEL.

Chaque batterie de manœuvre doit être pourvue des rechanges désignés ci-après :

1° A l'avant-train de chaque voiture, une esse passée dans le crampon porte-esse de rechange (*à gauche de la fourchette*).

2° Dans le coffre d'avant-train de la pièce de gauche de chaque batterie, 2 arrêtoirs de coffre (*1 arrêtoir de coffre d'avant-train et 1 de coffre d'arrière-train*); 1 rondelle d'épaulement et 1 de bout d'essieu; 20 lanières de rechange (*10 pour arrêtoirs et 10 pour esses*).

3° Au caisson de gauche de chaque division, 1 timon de rechange.

Avant de déparquer, chaque capitaine commandant doit s'assurer que sa batterie est munie de ces rechanges.

Nota. Le coffre d'avant-train et les coffrets d'affût de la pièce de droite de chaque division sont chargés, pour servir aux instructions (*les charges en sciure de bois*). Le coffre contient les outils de section, moins la hachette et la scie à couteau.

N° 8.

CAMPEMENT D'UNE BATTERIE.

(Voir la planche ci-contre.)

N° 9.

HOMMES NOUVELLEMENT ARRIVÉS.

Le nom d'un homme nouvellement arrivé au corps à un titre quelconque est remis, par les soins du major, à la salle des rapports dès son immatriculation dans une batterie du régiment.

La salle des rapports fait inscrire dans un registre les noms, remis par le major, des hommes arrivés.

Ce registre est communiqué au capitaine instructeur et au capitaine adjudant-major chargé de la salle d'armes, chaque fois qu'on aura fait de nouvelles inscriptions; il leur sert à établir leur contrôle de 2e classe.

Les hommes venant de la ligne reçoivent, à leur arrivée, une instruction sur le paquetage, par les soins du capitaine instructeur, en attendant qu'ils soient au complet; considérés comme de 2e classe, ils sont mis à l'instruction à pied jusqu'au 3e article inclus de l'École de peloton (*2 séances par jour*). Après l'instruction à pied, on commence l'instruction à cheval et d'artillerie. (*Artillerie le matin, et à cheval à 11 heures.*)

L'instruction des servants et des conducteurs est exactement la même, à l'exception de ce qui concerne l'École de section.

Les hommes qui ne savent pas lire les numéros sont envoyés à l'enseignement mutuel, jusqu'à ce qu'ils aient acquis cette instruction, qui doit, en outre, leur être donnée dans les chambres par les brigadiers.

N° 10.

OFFICIERS D'ÉTAT-MAJOR ATTACHÉS AU RÉGIMENT.

Ces officiers exercent, dans une batterie, l'emploi de lieutenant de section et participent, en cette qualité, à toutes les instructions théoriques et pratiques relatives au service spécial de l'artillerie, savoir :

1° Confection des munitions et artifices;

2° Des fascinages;

3° Construction des batteries;

4° Instruction sur la formation des pointeurs;

5° Manœuvres de section et batteries attelées;

6° Évolutions de batteries attelées;

7° Écoles à feu. (*Ils doivent assister, comme lieutenants de section, au plus grand nombre possible.*)

Ils suivent, sous la direction du capitaine instructeur d'artillerie, les théories orales des titres Ier, II et III, et une partie du titre IV du Règlement sur les manœuvres de l'artillerie.

Ils sont, en outre, attachés à l'instruction des 2es classes d'artillerie pendant un certain temps, afin de joindre la pratique à la théorie de cette instruction.

Ces officiers ayant dû remplir, dans les régiments d'infanterie ou de cavalerie, les fonctions d'adjudant-major, il paraît inutile de les employer à ce service dans les régiments d'artillerie, sauf en ce qui concerne les évolutions de batteries attelées, lorsqu'ils ont une habitude suffisante du commandement d'une section et d'une batterie.

Aux instructions d'école, ils suivent le cours spécial d'artillerie fait annuellement aux lieutenants.

Ils font enfin partie, comme membres adjoints, des commissions formées, dans le cours de l'année, pour l'étude des questions intéressant les services spéciaux d'artillerie.

N° 11.

TIR A LA CIBLE.

Le tir à la cible du pistolet rayé a lieu pour tous les hommes de chaque batterie sous la direction des officiers de batterie.

L'instruction est donnée ainsi qu'il suit :

1° Deux séances préparatoires dans les chambres; dans la première, on rappelle aux canonniers les détails de la charge et des feux du pistolet; dans la deuxième, on exécute le tir simulé aux capsules (*10 capsules par homme*).

2° Une séance préparatoire au polygone, dans laquelle on exécute le tir en blanc à pied, 10 cartouches à poudre par homme, à 25 mètres de distance de la cible. (*On place 2 cibles par batterie.*)

3° Trois séances de tir à balles à pied, à la distance de 25 mètres.

Dans chacune des deux premières, chaque homme tire 10 balles : 4 en avant, 2 à droite, 2 à gauche, 2 en arrière.

Dans la troisième, 8 balles : 2 en avant, 2 à droite, 2 à gauche et 2 en arrière.

L'adjudant du casernement tient en bon état les cibles nécessaires pour que deux batteries puissent tirer à la fois ; il en est responsable et les remet à chaque séance aux batteries.

Le maréchal-des-logis garde-parc et deux hommes de chaque batterie exécutant le tir placent les cibles, qui sont portées dans un chariot, avec les pavillons ; ils doivent être rendus au polygone une demi-heure avant les hommes.

L'adjudant-major de semaine donne des ordres pour que les sous-officiers et les hommes qui doivent prendre part à cette instruction soient relevés de service.

Les hommes vont au polygone à cheval, en talpack et veste.

Le médecin de semaine assiste aux exercices du tir.

Les états à fournir au général et au lieutenant-colonel sont conformes aux modèles déposés à la salle des rapports.

N° 12.

TIR EN BLANC DES BOUCHES A FEU.

Aucune bouche à feu rayée ne doit être amenée sur le terrain pour des exercices de tir sans qu'elle ait été, au préalable, lavée à fond et parfaitement nettoyée.

Avant de commencer le feu, l'officier commandant donne l'ordre aux chefs de pièce de veiller avec le plus grand soin à ce que les servants n'apportent pas dans le tir une précipitation exagérée, à ce qu'ils bouchent bien la lumière, écouvillonnent à fond, et se conforment, en un mot, à toutes les prescriptions réglementaires, sans exception.

Après avoir écouvillonné comme à l'ordinaire, on donne un coup de refouloir dans l'âme, quoique vide, et l'on écouvillonne une deuxième fois avant d'introduire la charge, qu'on a soin de présenter à la bouche de la pièce par le culot, et conséquemment l'ouverture du sachet en dehors.

Cette instruction doit être donnée aux hommes de 2e classe par le capitaine instructeur d'artillerie, et rappelée par cet officier aux hommes de 1re classe dans les manœuvres placées sous sa direction.

Des expériences nombreuses ayant démontré que l'humidité introduite dans l'âme pendant la charge pouvait être une cause d'explosion spontanée, il est interdit d'une manière absolue de faire usage de l'écouvillon mouillé dans la charge des pièces rayées tirant à poudre.

Pour l'instruction de détail dans les quartiers, on met au fond de l'âme, afin de ménager le refouloir, un tampon fait en vieux drap ou en laine, provenant des couvertures réformées, à l'exclusion des bouchons de paille ou de foin, que des ordres ministériels ont déjà prescrit de supprimer dans les bouches à âme lisse.

N° 13.

THÉORIES DÉLIVRÉES AUX BATTERIES.

Chaque batterie doit posséder les ouvrages suivants :

Théories à pied, 24. { 12 Théories du 15 juillet 1835 et antérieures à cette époque.
12 Théories de 1861, contenant les rectifications sur la charge et le tir du mousqueton.

N. B. Deux au moins de ces théories doivent contenir les évolutions à pied, et le nombre de théories de 1861 peut être en plus grande proportion.

Exercice du sabre, 24. { 4e leçon à pied (Ordonnance de cavalerie du 6 décembre 1829).

Théories à cheval, 24. { Théories du 15 juillet 1835 et antérieures à cette époque.

N. B. Deux au moins de ces théories doivent contenir l'École d'escadron à cheval; la charge du pistolet doit être rectifiée sur la théorie, conformément à l'ordre permanent n° 4 (2e série).

Théories de batteries attelées, 24. { Théories de l'École de section du 12 juin 1863.
2 Théories complètes du 12 juin 1863.

Théories d'artillerie, 24.	Règlement sur le service des bouches à feu rayées, du 27 mai 1862.
Règlement sur les manœuvres d'artillerie, 27 octobre 1847.	24 Titre III. Canons de siége et de place. 6 Titre IV. Mouvements de matériel.
Règlement sur le service intérieur, 24.	2 Règlements complets (Ordonnance sur le service intérieur des troupes à cheval, 2 novembre 1833). 22 Extraits du même Règlement.
Règlement sur le service des places, 24.	2 Règlements complets sur le service dans les places de guerre et les villes de garnison, du 13 octobre 1862. 22 Extraits du même Règlement.
Ordres permanents.	8 par batterie.

2 Aide-mémoire de campagne à l'usage des officiers d'artillerie.

6 exemplaires du Cours spécial, autographié, à l'usage des sous-officiers.

12 Extraits du Cours spécial à l'usage des pelotons d'instruction.

4 Abrégés du Cours d'hippologie, adopté par décision ministérielle du 11 juin 1863, par Henri Vallon.

1 Règlement sur le service et les manœuvres des pontonniers, du 17 avril 1860.

2 Méthodes de dressage du cheval de troupe (1864).

1 Règlement sur les transports des troupes d'artillerie sur les chemins de fer, du 6 novembre 1857.

2 Instructions sur le travail individuel.

6 Instructions sur le paquetage.

8 Instructions sur le cours d'artifices.

2 Abrégés de l'Histoire de France, par Duruy.

Le nombre de théories possédées par le peloton hors-rang est le quart de celui des batteries.

Les théories sont délivrées aux batteries par le magasin d'habillement, sur des bons signés par les capitaines commandants et visés par le major; les quantités y sont indiquées en toutes lettres; les batteries qui ont des théories à verser au magasin doivent demander un reçu au capitaine d'habillement.

Les théories ne doivent jamais passer d'une batterie à une autre, quelle que soit la mutation.

Les capitaines commandants font inscrire, au verso de la situation numérique des théories, l'état nominatif des sous-officiers, brigadiers et canonniers auxquels elles ont été données, en se conformant au tableau déposé à la salle des rapports.

Tout sujet envoyé à l'École de pyrotechnie doit être pourvu de toutes les théories nécessaires pour suivre les pelotons d'instruction.

3e SÉRIE.

SERVICE DE PLACE ET SERVICE INTÉRIEUR

N° 1.

RAPPORTS A LA PLACE.

Modèle N°

1re DIVISION MILITAIRE.

2e Subdivision.

Place de Versailles.

GARDE IMPÉRIALE.

RÉGIMENT D'ARTILLERIE A CHEVAL.

Rapport du capitaine de visite.
(Hôpital, Maison d'arrêt, Théâtre.)
Le 186

Hôpital militaire.	Réclamations des malades.	
	Observations.	
	Qualité des denrées.	
Prison militaire.	Réclamations des prisonniers	
	Observations.	
	Qualité des denrées	
Théâtre.		

Versailles, le 186 .

Le Capitaine de visite,

MODÈLE N° 2.

1re DIVISION MILITAIRE.

2e Subdivision.

Place de Versailles.

GARDE IMPÉRIALE.

RÉGIMENT D'ARTILLERIE A CHEVAL.

Visite des postes (M......... *colonel, lieutenant-colonel,* ou *chef d'escadron,* ou *capitaine*).
ou **Ronde d'officier** (M......... *capitaine* ou *lieutenant*).

Heure du commencement de la ronde (ou de la visite des postes) . . . .
(*Indiquer aussi le jour et l'arrivée.*)

Premier poste d'où elle est partie. . . . .

Postes par lesquels elle a été reconnue. .

Comment le service était fait et la surveillance exercée . . . .

Résumé des rapports des chefs de poste recueillis par l'officier supérieur de jour (*ou l'officier de ronde*). . . . .

Versailles, le 186 .

L'Officier supérieur de jour,
ou *L'Officier de ronde*,

Postes à visiter.

Poste de l'Hôpital.	Quartier Saint-Louis.
— de la Mairie.	*Idem.*
— de la Maison d'arrêt	*Idem.*
— du Magasin à fourrage	*Idem.*
— du marché Notre-Dame.	Quartier Notre-Dame.
— du Palais-de-Justice	*Idem.*

Observations.

L'officier supérieur de jour est en tenue de service et paquetage, ainsi que le canonnier d'escorte.

Les rondes d'officier se font à pied et en tenue de service.

Les capitaines de visite à l'Hôpital et à la Prison ou de service au Théâtre sont en tenue de service.

N° 2.

OFFICIERS COMMANDÉS POUR LES CÉRÉMONIES.

Lorsque MM. les officiers sont commandés pour une cérémonie militaire quelconque, ils ne doivent se considérer comme libres que lorsque l'officier du régiment le plus élevé en grade assistant à la cérémonie les a officiellement prévenus ou fait prévenir que leur présence n'est plus nécessaire.

N° 3.

SERVICE EN CAS D'INCENDIE.

En cas d'incendie, le régiment désigné d'avance par la place envoie au premier ordre et promptement, sur le lieu du sinistre, 300 hommes en tenue de travail et 50 en armes; le reste de la troupe se tient prêt à marcher à un nouvel ordre; les autres régiments restent dans leur quartier et ne marchent que lorsqu'ils en reçoivent l'ordre.

Un adjudant de chaque régiment se rend, le plus vite possible, sur le lieu de l'incendie pour y recevoir les ordres du commandant de la place ou de l'adjudant.

N° 4.

RELATIF AUX ALLUMETTES.

L'usage des allumettes chimiques phosphoriques ordinaires est rigoureusement interdit.

Les allumettes hygiéniques amorphes, qui ne s'allument pas si on les frotte sur toute autre chose que sur la surface préparée à cet effet, sont seules autorisées; on n'en doit pas moins procéder à leur emploi avec toutes les précautions que comporte le maniement de matières inflammables.

N° 5.

DÉFENSE DE POURSUIVRE LE GIBIER.

Il est expressément défendu aux canonniers de chasser, de poursuivre le gibier et de prendre du bois dans le parc et les bois environnants.

Les peines les plus sévères seront infligées aux délinquants, sans préjudice des procès-verbaux qui pourront être dressés contre eux.

N° 6.

ALLURES DANS LES RUES.

Il est défendu de prendre le galop dans les rues et avenues assez fréquentées pour qu'il en puisse résulter quelque accident.

Les fourragères et les chariots de parc doivent aller constamment au pas, à moins d'autorisation contraire donnée par le colonel.

Toute troupe à cheval et tout cavalier isolé doivent suivre la chaussée; il est sévèrement interdit aux cavaliers de parcourir les trottoirs et contre-allées des avenues.

N° 7.

SERVICE DE SEMAINE.

Il y a, par batterie, un sous-officier et un brigadier de semaine, un sous-officier et un brigadier de petite semaine.

Le sous-officier de petite semaine assiste aux pansages et aux promenades.

Le brigadier de semaine répond aux sonneries et assiste au pansage comme surveillant.

Le brigadier de petite semaine est chargé du service des écuries et de la distribution du fourrage; il assiste aux pansages et aux promenades.

Pendant les promenades, il est remplacé par le brigadier de semaine.

En dehors de ces brigadiers, tout brigadier présent au pansage panse son cheval.

Les officiers de semaine et les vétérinaires, lorsqu'ils trouvent dans les batteries un cheval qui, sans être malade, a cependant besoin de ménagements, doivent l'envoyer à l'infirmerie, dans la catégorie des chevaux à refaire.

Après les manœuvres et les promenades, les brigadiers de semaine accompagnent les canonniers aux selleries.

Les hommes ne doivent pas porter plus d'une selle à la fois.

Les sangles, bridons et licols doivent être toujours propres; les licols sont blanchis par les gardes d'écurie; les sangles et les bridons par les hommes auxquels ils appartiennent.

Les gardes d'écurie doivent porter sur les civières 15 bottes de fourrage au plus, et du fumier sur une hauteur maximum de $0^m,50$. Le maréchal-des-logis de planton aux écuries est responsable de l'exécution de cette prescription.

Il veille, en outre, à ce que les hommes ne se servent pas des bridons d'abreuvoir pour porter les civières.

Les officiers et sous-officiers de semaine doivent empêcher les hommes de crier, dans les écuries, après les chevaux et leur rappeler fréquemment que les accidents par coups de pied de chevaux seraient le plus souvent évités si l'on avait soin, avant d'aborder un cheval, même connu comme très-doux :

1° De prévenir l'animal en lui parlant doucement ;

2° De ne faire aucun geste ou mouvement brusque susceptible d'amener l'animal à se défendre.

N° 8.

OFFICIERS DE PETITE SEMAINE.

Les officiers de petite semaine se rendent, pendant leur semaine, deux fois au moins au quartier, dont une fois le samedi.

Ils portent l'attention la plus minutieuse à tout ce qui regarde le service intérieur, et principalement la tenue des chambres, le service des chevaux, dont ils sont, pendant leur semaine, responsables envers leurs capitaines commandants, comme les capitaines commandants le sont envers le colonel.

Ils rendent compte au chef d'escadron de semaine, soit verbalement, soit par écrit, sur un registre déposé à cet effet à la salle des rapports.

Il est présenté, tous les dimanches, au colonel un rapport du chef d'escadron de semaine sur la ferrure et le harnachement, conformément au modèle déposé à la salle des rapports.

Dans la colonne OBSERVATIONS, le chef d'escadron inscrit, s'il y a lieu, les remarques sur l'état de la ferrure des différentes batteries.

Il prescrit une corvée supplémentaire pour nettoyer le harnachement quand il le juge convenable.

Les panneaux des selles doivent être lavés tous les samedis, avec une éponge légèrement humide, en évitant de laisser pénétrer dans la matelassure l'eau, qui pourrait la durcir ou la pourrir.

Le harnachement en cuir fauve est nettoyé à fond tous les quinze jours et doit toujours être entretenu dans un parfait état de propreté.

Pour le nettoyer, il faut le décrasser avec de la mousse de savon noir et le sécher en le frottant vigoureusement avec une époussette. Les batteries peuvent employer du lait pour ce nettoyage, quand les capitaines commandants le jugent convenable.

N° 9.

PROMENADE DES CHEVAUX.

La route de Saint-Cloud, par Ville-d'Avray, est affectée aux troupes d'artillerie pour les promenades des chevaux ; les troupes suivent l'itinéraire suivant :

Avenue de Sceaux, avenue de la Mairie, avenue de Paris, rue Saint-Pierre, avenue de Saint-Cloud.

Chaque fraction partant du quartier qu'elle occupe reviendra au quartier en suivant l'ordre inverse.

Les colonnes partielles, formées par demi-escadron, conservent entre elles une distance assez grande pour ne pas arrêter trop longtemps la circulation de la ville.

Tous les chevaux doivent sortir tous les jours.

Lorsque les exigences du service s'opposent à ce que tous les chevaux sortent en une seule fois, il est commandé une seconde promenade pour les chevaux non sortis.

L'adjudant-major, avant de livrer la promenade au capitaine de semaine, inspecte rapidement les batteries, retient au quartier tout homme ivre ou malpropre et le fait mettre immédiatement à la salle de police. Il s'assure que les bridons des chevaux de main sont convenablement roulés.

Le capitaine de semaine marche avec 300 chevaux, le lieutenant avec 200, l'adjudant avec 100.

Le capitaine fait placer, pendant la promenade, les officiers où il le juge convenable pour la surveillance de la colonne.

Chaque batterie a deux sous-officiers et un brigadier à la promenade comme surveillants. Un sous-officier est toujours placé à la gauche de chaque batterie.

La promenade des chevaux est toujours faite en selle et en bridon; on ne doit jamais prendre le trot, à moins que le colonel n'en ait donné l'autorisation.

La promenade après la soupe doit, autant que possible, durer deux heures au moins.

Les capitaines commandants des batteries et les officiers de semaine donnent les ordres de surveillance qu'ils jugent convenables pour éviter qu'il y ait des chevaux couronnés dans les promenades. On ne laisse conduire à la promenade comme chevaux de main ni les chevaux exigeants, ni les chevaux signalés comme ombrageux.

Les canonniers, de leur côté, doivent incessamment surveiller leur cheval, ne pas l'abandonner et ne le laisser passer sur un terrain pierreux et sur les talus glissants qu'en le soutenant fortement du bridon; ils doivent, en un mot, prévenir les chutes de leurs chevaux de main par les précautions qu'ils jugent nécessaires et empêcher le cheval qu'ils montent de butter et de s'abattre.

Tout canonnier qui, par sa négligence, laisse couronner un cheval est sévèrement puni.

Les maréchaux-des-logis-chefs peuvent être autorisés par le chef d'escadron de semaine à monter leurs chevaux pour les promenades individuelles. La selle et la bride anglaises sont tolérées pour ces promenades.

N° 10.

FOURRAGE.

Les corvées de fourrage et autres doivent être conduites en ville par quatre et dans le plus grand ordre, en suivant la chaussée; un sous-officier est toujours placé à la gauche de sa batterie quand les batteries sont réunies.

Le capitaine de semaine tient la main à ce que les grandes voitures ne contiennent que 400 bottes et les petites 150 au plus. Les trousses portées par les canonniers ne doivent pas contenir plus de 8 bottes.

Le lieutenant chargé de la distribution de l'avoine rentre au quartier, aussitôt la distribution terminée, y vérifie la répartition des sacs et fait verser de suite l'avoine dans les coffres, devant lui et en présence du brigadier de petite semaine de chaque batterie, chargé de la clef du coffre.

MM. les officiers font tous prendre leur fourrage, le 1er et le 16 de chaque mois, au magasin de l'administration, en dehors du fourrage des batteries, sur un bon spécial établi par le capitaine-trésorier.

Le fourrage est touché par les ordonnances, en tenue militaire, sous la direction de l'adjudant de casernement; il est porté directement au logement de MM. les officiers.

Ceux de MM. les officiers qui désirent échanger du foin contre de la paille font indiquer par leur batterie au capitaine-trésorier la quantité de rations à échanger, à raison de 2 bottes de paille pour 1 de foin.

N° 11.

SERVICE DE LA REMONTE.

La remonte comprend les chevaux de troupe non livrés aux batteries.

La remonte est sous la direction du capitaine-instructeur.

Sont employés à la remonte :

1 maréchal-des-logis,

1 ou 2 brigadiers,

Le nombre de canonniers nécessaire.

Les canonniers, à raison de 1 homme pour 2 chevaux (*y compris les gardes d'écurie*), sont changés tous les mois; la salle des rapports fixe le nombre de canonniers à fournir par batterie d'après leur effectif.

Les capitaines commandants ont soin de n'envoyer à la remonte que des hommes anciens, d'une bonne conduite et susceptibles de dresser des chevaux.

Les canonniers employés à la remonte prennent leur harnachement pour dresser les jeunes chevaux.

Nul cheval de la remonte ne peut être, pour un service quel qu'il soit, distrait de la remonte sans l'ordre du colonel.

Tout officier ayant obtenu l'autorisation de monter pour son service un cheval de la remonte le fait placer et panser dans sa batterie. (*Ce cheval, pour le fourrage, continue à compter à la remonte.*)

Sur le vu des fiches approuvées, le capitaine-instructeur fait livrer les chevaux.

N° 12.

CHEVAUX DE TROUPES MONTÉS PAR DES OFFICIERS.

Lorsque, par suite d'indisponibilité de leurs chevaux, MM. les officiers sont obligés de prendre un cheval de troupe pour leur service, la demande doit en être faite au rapport, avec fiche à l'appui.

Conséquemment, toutes les fois qu'un cheval de troupe est monté par un officier, cet officier doit d'avance en avoir reçu l'autorisation, autorisation qui cesse avec la cause qui l'avait motivée.

S'il y a urgence, le chef d'escadron de semaine donne la présente autorisation.

N° 13.

MARQUES EXTÉRIEURES DE RESPECT.

1° Tout officier du régiment, soit à Paris, soit à Versailles, de nuit ou de jour, à cheval ou en voiture, en uniforme ou en bourgeois, a droit au salut des sous-officiers et soldats.

2° Sur une promenade ou tout autre lieu public, le salut ne se renouvelle pas.

3° Tout sous-officier ou canonnier, qui est assis, doit se lever pour saluer l'officier qui passe devant lui, quelques pas avant que l'officier n'arrive à sa hauteur.

4° Tout sous-officier ou canonnier doit se découvrir en parlant à un officier, que l'officier soit en uniforme ou en bourgeois.

5° Tout homme de garde aux écuries doit prendre la position régulière du canonnier sans armes, et ôter sa calotte lorsqu'un officier passe dans les écuries; il conserve l'immobilité jusqu'à ce que l'officier soit passé.

6° Les honneurs doivent être rendus par un factionnaire quatre ou cinq pas avant que la personne à laquelle il les rend n'arrive à sa hauteur. On présente les armes aux officiers supérieurs et on les porte aux autres officiers, dans quelque tenue qu'ils soient.

7° Tout factionnaire rendant les honneurs doit se placer le dos tourné à sa guérite, ou le dos au mur contre lequel est appuyée la guérite.

8° On ne fume pas la pipe dans les rues, tout homme fumant ôte son cigare pour saluer son supérieur.

9° Les hommes hors du quartier ont toujours les gants.

10° L'habitude empruntée à l'ancienne Garde et prise par les canonniers du régiment de porter la main à la coiffure, à la lecture d'un ordre, est une vieille et bonne tradition que le colonel prescrit de conserver.

Honneurs à rendre à Leurs Majestés et au Prince impérial.

Lorsque Leurs Majestés ou le Prince impérial passent, tout homme de la Garde doit s'arrêter, faire front, saluer et rester dans cette position jusqu'à ce que Leurs Majestés ou le Prince impérial soient à une certaine distance de lui.

Toutes les fois qu'une troupe en marche, quelles que soient sa composition et sa force, rencontre fortuitement Leurs Majestés ou le Prince impérial, elle doit s'arrêter, faire front ou se retourner, autant que possible, du côté de Leurs Majestés ou du Prince impérial et présenter les armes au commandement de son chef; les tambours doivent battre aux champs et les trompettes sonner la marche.

Les officiers saluent du sabre ou de l'épée.

N° 14.

HABILLEMENT.

Tous les ouvriers tailleurs des batteries travaillent à l'atelier du maître-tailleur; à partir de 3 heures de l'après-midi, un ouvrier tailleur est mis, dans chaque batterie, à la disposition du capitaine commandant pour exécuter les petites réparations qui, en raison de leur peu d'importance, n'ont pas besoin d'être exécutées à l'atelier.

Des époques périodiques trimestrielles sont déterminées par le colonel pour effectuer les remplacements dont la nécessité a été constatée, afin d'éviter la multiplicité des bons partiels.

En cas d'urgence, les batteries peuvent être autorisées à se présenter au magasin avant l'époque fixée.

A toutes les distributions d'effets, les dolmans et les vestes sont essayés sur les hommes portant le sabre et la sabretache.

Les capitaines commandants qui font remplacer un rouge de dolman à un homme gradé doivent faire en même temps changer les galons, de manière à les mettre en harmonie avec le nouveau rouge.

Aucun effet d'habillement ou de coiffure ne peut être vendu hors du corps par un homme lié au service, sans l'autorisation du capitaine commandant la batterie.

Les contrevenants seront passibles des peines portées à l'article 244 du Code de justice militaire.

Cette autorisation est constatée par l'application, sur l'effet réformé, des lettres R. F., faite en présence du capitaine commandant, qui reste dépositaire du timbre.

Les timbres sont fournis au compte de la masse générale d'entretien.

Aucun effet d'équipement, d'habillement ou de petit équipement ne doit être modifié en dehors des ateliers des maîtres-ouvriers.

Les effets de toute nature mis à la charge des masses individuelles devant conserver, pour ordre et comme renseignement servant à guider pour les remplacements, la durée qui leur a été assignée par les règlements en vigueur, on doit se conformer aux dispositions suivantes :

Les talpacks, manteaux, porte-manteaux, couvre-sabretaches, sont, aussitôt après la distribution au magasin, marqués à l'indication du régiment, au numéro matricule de l'homme et au millésime de la mise en service.

Ces marques sont apposées de la manière suivante :

Pour le talpack, le numéro matricule remplace le numéro en service ;

Pour le porte-manteau, *idem ;*

Pour le manteau, *idem ;*

Pour le couvre-sabretache, *idem.*

Les dolmans, vestes, pantalons, bonnets de police, calottes, marqués comme par le passé.

Afin de pouvoir suivre facilement la trace d'un effet distribué, l'inscription en est faite immédiatement au compte de la masse individuelle sur le livret et sur la main-courante.

Les hommes doivent toujours être pourvus d'une paire de bottes et d'une paire de bottines ; la hauteur des tiges est de $0^{m},30$ au moins pour les bottes et de $0^{m},22$ au moins pour les bottines.

Les bottes dont les tiges sont descendues au-dessous de $0^{m},30$ deviennent bottines et sont remplacées par une paire de bottes neuves prises au magasin.

Les bottines descendues au-dessous $0^{m},22$ ne doivent plus être remontées.

Toutes les bottes et bottines distribuées sont essayées au magasin même par le maître-bottier; les capitaines commandants doivent s'assurer que les chaussures reçues sont convenablement ajustées.

Il est interdit aux hommes de porter d'autres chaussures que celles qu'ils ont reçues au magasin d'habillement.

Les ressemelages et remontages sont faits, sans exception, par les soins du maître-bottier.

Les bottiers des batteries détachées à l'École militaire ne doivent être employés qu'aux menues réparations et ne doivent rien confectionner.

Il ne doit y avoir qu'un bouton de sous-pieds de chaque côté du pied.

Chaque batterie reçoit du magasin d'habillement une paire de sous-pieds conforme au modèle type; les sous-pieds des hommes doivent toujours être pris chez le maître-sellier et être conformes au modèle type. Ils sont du prix de 0^f,15.

N° 15.

HARNACHEMENT.

Tout cheval classé dans une batterie doit être affecté à un homme et recevoir un harnachement dont cet homme est responsable, même dans le cas où le cheval serait laissé à la remonte pour son dressage.

L'inscription du nom de l'homme doit être faite sur le folio matricule du cheval, celle du cheval sur le livret de l'homme et celle du harnachement sur le folio matricule du cheval et sur le livret de l'homme.

Les licols d'écurie et les bridons d'abreuvoir sont marqués à chaud, les licols sur le cuir vers le milieu de l'alliance, les bridons sur le cuir vers le milieu du montant gauche.

Les chiffres 1, 2, 3, 4, 5, 6, sont employés comme signes

distinctifs des six batteries, le chiffre 0 pour le peloton hors-rang.

Le millésime devra être apposé sur tous les licols et les bridons qu'on mettra en service.

Les licols et bridons appartiennent à la batterie et doivent y rester alors même que le cheval auquel ils sont affectés cesse d'y compter.

Les courroies de manteau, courroies de porte-manteau et lanières de pistolet sont marquées à froid au numéro de la selle, sur un fleuron en cuir de même largeur que la courroie et de $0^{m},065$ de longueur, engagé de $0^{m},020$ sous le tout replié pour former l'enchapure de la boucle ou de la ganse et fixé par les coutures prolongées de l'enchapure.

N° 16.

TROMPETTES.

L'un des capitaines adjudants-majors est chargé de l'instruction des trompettes.

En dehors des trompettes titulaires, il est désigné douze canonniers de bonne volonté auxquels on enseigne la trompette; autant que possible, on ne choisit que des hommes ayant déjà quelques notions sur la trompette.

Les trompettes et les élèves-trompettes assistent toujours au pansage du matin; ils assistent au pansage du soir les jours où, à cette heure, il n'y a pas de répétition.

Les élèves-trompettes montent leur garde, soit comme trompettes titulaires, soit comme canonniers.

Les trompettes et élèves-trompettes assistent, en dehors de leurs batteries, à des séances spéciales de manége civil, avec les sapeurs, sous la direction du capitaine-instructeur.

Ils sont dispensés des autres instructions. Ils sont habituellement exempts de la corvée du pain, du lavage du parc et de toutes les corvées qui, commandées par suite de punitions, ont lieu aux heures des répétitions.

La fanfare marche avec les promenades générales et avec les manœuvres de 1re classe (sauf les manœuvres d'artillerie).

Les élèves-trompettes qui ne font pas encore partie de la fanfare marchent, comme canonniers, dans leurs batteries.

Il y a toujours deux trompettes à la promenade des chevaux.

Sous aucun prétexte les trompettes, ni les élèves-trompettes, ne doivent être distraits des répétitions.

Les trompettes en pied jouissent seuls de la permission permanente de 10 heures.

Les sonneries aux maréchaux-des-logis et aux brigadiers de semaine étant à peu près les mêmes, il peut y avoir confusion; pour obvier à cet inconvénient, on a adopté, pour les brigadiers, la sonnerie suivante :

N° 17.

SALLE D'ESCRIME.

L'un des capitaines adjudants-majors est chargé de la salle d'escrime.

Les hommes prennent six mois de leçons d'escrime en payant et, ce temps écoulé, sont examinés sur leur degré d'instruction; ceux qui ont satisfait sont déclarés exempts; les autres prendront encore deux mois de leçons en payant.

Après ce temps, ils sont examinés de nouveau; les hommes dont l'instruction laisse encore à désirer sont privés de permission ou consignés jusqu'à nouvel ordre.

La salle d'escrime est ouverte le matin avant et après la soupe, le soir de 5 heures et demie à 8 heures.

Chaque homme doit prendre 3 leçons au moins par semaine.

Aucun canonnier n'est proposé pour un grade quelconque, ni pour suivre le peloton, s'il n'a satisfait à la salle d'armes. Il n'est fait aux hommes, par les maréchaux-des-logis-chefs, la retenue prescrite (0f,10 par prêt), qu'autant que pendant les cinq jours les hommes ont été présents au corps. La retenue qu'ils ont à subir est diminuée proportionnellement au temps de leur absence.

La salle d'armes reste facultative pour les sous-officiers; mais le colonel verrait avec plaisir les sous-officiers donner l'exemple aux canonniers et le goût des armes se répandre dans un régiment où tout doit se faire, sinon mieux, du moins aussi bien que dans les autres corps de l'armée.

Les prévôts assistent à toutes les manœuvres de première classe.

No 18.

ORDONNANCES D'OFFICIERS.

La tenue bourgeoise et la livrée sont tolérées pour les ordonnances autorisés à loger en ville. Ces ordonnances doivent avoir une tenue convenable et ne porter aucun de leurs effets militaires; ils ont une casquette d'un modèle uniforme, avec un galon de laine ou de métal et il leur est sévèrement interdit de porter le gilet à manches sans vêtement de dessus.

Les ordonnances qui ne portent pas la tenue bourgeoise ou la livrée doivent toujours se conformer rigoureusement aux ordres relatifs à la tenue.

Les ordonnances en tenue bourgeoise ou en livrée ne peuvent, sous aucun prétexte, séjourner dans les chambres du quartier; ils ne doivent stationner dans la cour qu'autant qu'ils y sont appelés par leur service spécial. L'adjudant-major et l'adjudant de semaine sont chargés de l'exécution de cette prescription.

MM. les officiers peuvent être autorisés à faire vivre chez eux ou à la cantine leurs ordonnances logés en ville ; la liste des hommes ayant obtenu cette autorisation est affichée à la salle des rapports.

Les chevaux d'officiers logés au quartier ne peuvent être promenés individuellement par les ordonnances qu'avant la soupe du matin ; après la soupe, les ordonnances ne sortent, pour promener les chevaux de leurs officiers, qu'avec la promenade des chevaux.

Les chevaux logés en ville peuvent être promenés individuellement avant et après la soupe ; mais, dans ce dernier cas, par des ordonnances vêtus d'effets non militaires.

Aucun officier, s'il n'est en tenue militaire, ne doit se faire suivre à cheval par un canonnier en tenue.

Tout officier en uniforme ne doit se faire suivre que par un ordonnance en uniforme.

N° 19.

NOMINATIONS DES OUVRIERS, TROMPETTES ET SAPEURS.

Il est dressé des tableaux d'aptitude aux divers emplois d'ouvriers et de trompettes qui composent l'organisation de la batterie.

Le tableau d'aptitude à l'emploi d'ouvrier en bois et en fer est établi par le major, sur des notes fournies par le directeur de l'arsenal où le candidat a subi les épreuves.

Pour l'emploi de bourrelier, le tableau est dressé par le capitaine d'habillement.

Pour l'emploi de maréchal-ferrant, le tableau est dressé par le capitaine-instructeur.

Pour l'emploi de trompette, le tableau est dressé par le capitaine chargé des trompettes.

Nul canonnier n'est porté sur le tableau d'aptitude à l'un

des emplois spéciaux indiqués ci-dessus, s'il n'est de première classe aux instructions pratiques.

Les tableaux d'aptitude indiquent le numéro de la batterie, le numéro matricule, le nom, le grade, et présentent des notes détaillées sur l'aptitude du sujet; ces tableaux sont déposés à la salle des rapports pour être consultés par les capitaines de batterie.

Lorsqu'il y a lieu de pourvoir à une vacance dans un emploi spécial (ouvrier, trompette, sapeur), le commandant de la batterie établit un état conforme au modèle déposé à la salle des rapports. Chaque état doit indiquer deux candidats, si ce n'est en cas de réduction du tableau.

L'état de demande d'un trompette doit porter l'avis du capitaine adjudant-major chargé de l'instruction des trompettes.

L'état pour les nominations à l'emploi de sapeur doit porter l'avis du capitaine-instructeur sur l'aptitude du candidat.

On ne propose, pour l'emploi de sapeurs, que des hommes adroits, de première classe aux instructions pratiques, d'une bonne conduite habituelle et sans punition pour ivresse.

N° 20.

HOMMES A PRÉSENTER AU COLONEL.

Doivent être présentés au colonel :

1° Les hommes nommés à un grade ou à un emploi quelconque (*le lendemain de leur nomination*) ;

2° Les hommes nouvellement arrivés au corps (*le lendemain de leur arrivée*);

3° Les hommes détachés provisoirement du régiment pour une mission quelconque ou pour leur instruction (remonte, école de cavalerie, école de pyrotechnie, école de gymnastique, etc.) (*la veille de leur départ*).

N° 21.

DÉSIGNATION DES HOMMES DANS LES RAPPORTS, DEMANDES, ETC.

Dans toutes les désignations d'hommes dans les rapports, pour les demandes de permissions, etc., on doit éviter l'expression *le nommé un tel.*

Tout homme doit être désigné par son grade ou son emploi : *le maréchal-des-logis, le 1er servant, le trompette, etc.*

N° 22.

PERMISSIONS.

Les permissions de minuit, de la nuit, de 24 heures et de 36 heures sont généralement demandées le dimanche et le jeudi.

Les sous-officiers et les hommes ayant obtenu une permission de 24 heures en jouissent, le dimanche, de la soupe du matin à l'appel du lundi matin; le jeudi, de l'appel de 3 heures à l'appel du vendredi matin.

Les permissions de minuit, de la nuit et de 24 heures, demandées par les capitaines commandants, sont habituellement toutes accordées; mais, après le rapport, le colonel désire que les permissions supplémentaires de minuit ne soient données qu'en nombre très-restreint, par les capitaines commandants et par les adjudants-majors, les hommes ayant toute possibilité de les demander d'avance.

Les capitaines commandants rendent compte, au rapport du lendemain, des permissions accordées la veille après le rapport.

Quant aux permissions de 36 heures et 48 heures, qui enlèvent les hommes, soit au fourrage, soit à l'instruction du lendemain, à moins d'exception motivée, il n'est accordé par batterie, aux sous-officiers, qu'une permission de 36 heures et 48 heures; aux brigadiers et canonniers, que quatre de la même durée.

Les hommes en permission de 48 heures ne sont plus assujettis à rentrer à l'appel du matin, mais seulement à se présenter à l'heure du rapport.

Les permissions délivrées avec solde entière, par application du décret du 12 avril 1862, sont établies sur papier rose, et celles avec solde de congé sont établies sur papier blanc.

Les titres d'absence, avec solde de présence ou avec solde de congé, servent de feuille de route, au moyen d'un visa apposé sur la permission par le sous-intendant militaire.

A toute demande de permission de plus de 48 heures, les maréchaux-des-logis-chefs doivent joindre les folios de punitions.

Font mutation : les permissions de 4 jours et au-dessus pour les officiers et les permissions de plus de 48 heures pour la troupe.

MM. les officiers qui ont obtenu une permission doivent faire connaître à leur batterie ou au peloton hors-rang le jour précis de leur départ. Ce jour doit être indiqué sur la permission. Ils doivent aussi indiquer très-exactement leur adresse pendant leur permission, quelle qu'en soit la durée, afin qu'on puisse les rappeler immédiatement au corps, dans un cas urgent.

Les batteries et le peloton hors-rang remettent au major le bulletin individuel de départ en même temps que la mutation.

N° 23.

PIÈCES ADRESSÉES AUX HOMMES DANS LA RÉSERVE OU EN CONGÉ.

Les conseils d'administration, lorsqu'ils ont à faire passer sans frais des mandats de payements et d'autres pièces à des hommes en congé ou dans la réserve, doivent avoir recours :

1° Pour les hommes en congé, à l'intermédiaire des généraux commandant les subdivisions territoriales ;

2° Pour les hommes dans la réserve, à l'intermédiaire des commandants de dépôt de recrutement.

N° 24.

RETARD A L'APPEL DU SOIR.

Comme règle générale, on inflige un jour de consigne pour un quart d'heure de retard; au delà de quatre jours de consigne, la punition est prononcée en salle de police; au delà de huit jours de salle de police, la punition est prononcée en prison et varie de quatre à huit jours, cette dernière pour le cas où l'homme aurait découché.

Les règles précédentes n'ont rien d'absolu; tel homme, selon sa conduite habituelle, pourra être puni plus ou moins et même pourra ne pas l'être du tout, si le capitaine le juge à propos; mais dans le cas où les capitaines s'écarteraient par trop des règles indiquées, ils en feraient connaître la raison au colonel par la voie du rapport, pour le mettre à même d'apprécier les motifs de leur indulgence ou de leur sévérité.

Pour les sous-officiers, un jour de consigne pour une demi-heure de retard.

N° 25.

ABSENCES ILLÉGALES.

1° Toute batterie ayant un homme en absence illégale est, par ce seul fait, privée de permissions.

2° Toute batterie ayant un homme puni pour absence illégale peut, pendant un temps plus ou moins long, être privée de toutes ou de quelques-unes des permissions habituellement accordées.

3° Tout homme ayant dépassé la durée de sa permission, indépendamment de la punition encourue pour ce fait, est privé pendant un certain temps de permissions de toute nature, après sa punition subie.

La privation de permissions est appliquée par les capitaines commandants, à raison de quinze jours pour douze heures de retard.

Le demi-signalement d'un homme en absence illégale doit être établi et remis au major dès que l'homme a manqué à deux appels du soir.

Un homme doit être porté en mutation dès qu'il a manqué à trois appels du soir.

N° 26.

REFUS D'OBÉISSANCE.

Dans le cas où un refus d'obéir aurait été formulé par un inférieur, soit de sortir de la salle de police pour faire un service, soit d'exécuter un ordre quelconque donné, l'ordre serait donné de nouveau à l'inférieur par le supérieur en présence de deux témoins; sur le refus d'obéir répété par l'inférieur, celui-ci serait traduit devant un conseil de guerre; les témoins du refus seraient appelés en témoignage.

Si, à la deuxième injonction du supérieur, l'inférieur obéit, il ne sera pas traduit devant un conseil de guerre, mais une punition sévère lui sera infligée au corps.

N° 27.

PUNITION ENCOURUE POUR RÉCLAMATION DIRECTE A L'EMPEREUR.

Il est formellement interdit de sortir des rangs pendant les revues de l'Empereur pour remettre ou adresser à Sa Majesté une demande quelconque. Tout homme qui enfreindra cette défense sera puni de quinze jours de salle de police.

Si un homme croit devoir soumettre une demande à l'Empereur, il en fait informer le colonel au rapport du matin, le jour même de la revue.

N° 28.

FEUILLES DE PUNITIONS.

Les punitions ne sont inscrites définitivement sur le folio des hommes qu'après le rapport du jour, le colonel pouvant les transformer ou les lever.

La rédaction des libellés doit être brève et énoncée dans les termes suivants :

Un tel, telle punition, a fait telle chose, ou *n'a pas fait telle chose, étant de garde.*

Les cassations, suspensions, interdictions du port du sabre, traductions devant un conseil de guerre ou de discipline, punitions de un ou deux mois de prison, sont portées sur les folios en gros caractères et soulignées.

Tout jugement par un conseil de guerre, suivi d'acquittement, est, après le libellé de la faute commise, mentionné sur les folios en ces termes :

Traduit devant un conseil de guerre pour ce fait, acquitté par jugement du . . . (la date). (Ces mots en gros caractères et soulignés.)

Les levées de punitions ne sont pas indiquées sur les folios; elles figurent seulement sur les cahiers d'ordinaire.

Les punitions de 1 jour de salle de police ne sont pas inscrites sur les folios.

Toute augmentation de punition prononcée par le colonel est portée au-dessous de celle qui a déjà été infligée pour la même cause.

Lorsqu'un homme a été puni de prison pour une faute grave donnant lieu de la part du colonel à une demande de 30 ou 60 jours de prison, on n'inscrit pas la punition infligée par le capitaine commandant, mais on porte au rapport du lendemain et sur le folio de l'homme le libellé suivant : *Un tel, prison N. O. M. le colonel commandant le régiment, le motif.* Cette punition doit figurer sur le relevé mis à l'appui de la demande adressée au général.

L'année est portée en vedette et en chiffres bien apparents dans la colonne *Dates des punitions* et comprise entre deux traits.

Les punitions doivent être partagées en deux paragraphes bien distincts, sous les titres suivants :

Punitions avant son entrée dans la Garde.
Punitions depuis son entrée dans la Garde.

Ces dernières (*depuis son entrée dans la Garde*) sont additionnées par espèce au bas de la page.

Les punitions doivent aussi être séparées par grade, sous l'indication :

Comme canonnier servant.
Comme brigadier.

Le détail des punitions avant l'entrée dans la Garde est reporté sur les nouveaux folios ; on ne fera aux folios existants aucune autre modification que l'inscription du titre : *Punitions depuis son entrée dans la Garde.* On doit se conformer aux prescriptions qui précèdent pour les relevés de punitions à envoyer au général ; on fait, en outre, sur ce relevé le total de *toutes* les punitions, par espèce, depuis l'entrée *au service.*

En tête du registre de punitions doit se trouver un contrôle par ordre alphabétique des hommes de la batterie avec les numéros matricules, afin de faciliter les vérifications ; plus, un folio modèle conforme à celui déposé à la salle des rapports et une copie du présent ordre.

Le chef d'escadron de semaine fait, chaque samedi, la vérification des folios de punitions.

NOTA. On ne doit, sous aucun prétexte, laisser un folio de punitions entre les mains d'un homme, à moins que ce folio ne soit sous une enveloppe cachetée.

N° 29.

CONSEILS DE GUERRE. — CONSEILS DE DISCIPLINE. — CASSATIONS. — SUSPENSIONS. — RÉTROGRADATIONS. — RENVOIS DANS LA LIGNE.

Lorsqu'un capitaine commandant a à demander qu'un homme de sa batterie soit traduit devant un conseil de guerre, il présente, sous forme de rapport, le fait ou l'ensemble des faits reprochés à l'inculpé. Il entre dans tous les détails susceptibles d'éclairer la justice et cite, après sa conclusion, les noms des témoins à entendre.

Ce rapport porte l'en-tête suivant :

« *Rapport* à l'effet de faire traduire devant un conseil de guerre le (*grade, nom et prénoms*), prévenu de vol, d'outrage envers son supérieur, etc. »

Adressé hiérarchiquement au colonel avec le vu et transmis du chef d'escadron commandant supérieur de la batterie et du lieutenant-colonel, ce rapport motive, s'il y a lieu, la plainte du colonel envoyée au maréchal commandant en chef de la Garde impériale, mais à l'adresse du maréchal commandant le 1er corps d'armée et la 1re division militaire.

S'il s'agit de cassation, de suspension, de rétrogradation, de conseil de discipline, le rapport a la même forme, mais le vu et transmis du chef d'escadron et du lieutenant-colonel est remplacé par l'avis motivé de ces deux officiers supérieurs, excepté dans le dernier cas, où le lieutenant-colonel ne met que le vu et transmis.

Les pièces à mettre à l'appui sont :

Pour un conseil de guerre.	Le rapport du capitaine commandant	1 *expédition.*
	L'état signalétique et des services.	*Idem.*
	Le relevé des punitions	*Idem.*
	L'extrait de masse.	*Idem.*
	L'inventaire des effets d'habillement, de grand et de petit équipement, emportés par l'homme.	*Idem.*
	L'inventaire des effets d'habillement, de grand et de petit équipement, rapportés par l'homme	*Idem.*
	(*Ces inventaires ne sont fournis qu'en cas de désertion.*)	
Pour une cassation, suspension, et rétrogradation.	Le rapport du capitaine commandant	1 *expédition.*
	L'état signalétique et des services.	*Idem.*
	Le relevé des punitions	*Idem.*
	La demande écrite de l'homme visée par le capitaine commandant (*dans le cas de rétrogradation*).	*Idem.*
Pour un conseil de discipline.	Le rapport du capitaine commandant	1 *expédition.*
	L'état signalétique et des services.	*Idem.*
	Le relevé des punitions	2 *expéditions.*
	L'extrait de masse	1 *expédition.*
	La copie de l'ordre de convocation du conseil par le colonel	*Idem.*
	L'avis du conseil	3 *expéditions.*

Tous ces rapports doivent être conformes aux modèles déposés à la salle des rapports.

Les artificiers sont, pour la cassation, assimilés aux brigadiers. En conséquence, leur cassation est prononcée par le général de brigade commandant l'artillerie de la Garde, qui prononce également la rétrogradation des brigadiers-fourriers à l'emploi de brigadiers.

Les sous-officiers et brigadiers cassés de leur grade dans la Garde seront renvoyés dans les corps de la ligne où ils servaient avant leur admission dans la Garde.

Les demandes sont adressées au colonel aussitôt que la cassation a été prononcée et notifiée au corps et qu'elle a été consignée sur le folio de punitions et sur les états de service qui doivent être joints à la demande.

Les canonniers qui ont une mauvaise conduite habituelle et persistante, un nombre considérable de punitions et chez lesquels on remarque de mauvais penchants peuvent être envoyés dans les compagnies de discipline, sans que tous les moyens de répression aient été épuisés à leur égard. Des propositions spéciales seront adressées pour chacun d'eux au maréchal commandant en chef la Garde impériale, qui décidera s'ils doivent être traduits devant un conseil de discipline.

Les canonniers qui, sans avoir une mauvaise conduite habituelle et persistante, ont commis des fautes qui les rendent indignes d'être maintenus dans un corps d'élite, sont proposés, *au moment des revues trimestrielles et de l'inspection générale,* pour être renvoyés dans un des corps de la ligne à la disposition du ministre.

Les pièces à fournir sont :

Le rapport du capitaine commandant.	1 *expédition.*
L'état signalétique et des services	*Idem.*
Le relevé des punitions.	*Idem.*
L'extrait de masse	*Idem.*

N° 30.

MUTATIONS.

Les batteries doivent joindre, à l'appui de la situation remise au bureau du major, les pièces indiquées ci-après, qui doivent accompagner chacune des mutations portées sur la situation, savoir :

1° Officiers arrivant au corps.	La feuille de route. La lettre de service.

2° Officiers quittant le corps ou passant à une autre batterie.	La feuille matricule de l'officier avec la mutation de départ ou celle du passage inscrite. Les feuilles matricules de ses chevaux (dans les cas où les chevaux suivent).
3° Hommes rayés des contrôles, retraités, passage dans d'autres corps, libération, réserve, décès, etc.	La feuille matricule mise complétement au courant. La feuille de dotation. La mutation de radiation avec les effets de l'homme. La feuille de punitions arrêtée et visée par le commandant de la batterie. L'extrait de masse. La demande de certificat de bonne conduite. Le billet de décès de l'hôpital, s'il y a lieu.
4° Entrée aux hôpitaux, départ en permission.	Le livre de détail avec le compte arrêté de l'homme faisant mutation sera déposé au bureau du major avec une fiche à la page où est la case de l'homme, afin que le major puisse s'assurer que la masse indiquée sur la situation est bien celle portée au livre de détail. Ce livre sera rendu à la batterie après le rapport.
5° Rentrée de permission ou de congé.	Le titre de permission ou de congé. La feuille de route. Le certificat de bonne conduite délivré par le maire; faute de cette dernière pièce, aucun rappel de solde ne sera alloué à l'homme qui rentre de congé. (Art. 99 du 25 décembre 1837.)
6° Sortie de l'hôpital.	Le billet de sortie de l'hôpital; si l'homme vient d'un hôpital externe, la feuille de route.
7° Passage à une autre batterie.	La feuille matricule au courant, tant pour la mutation de passage que pour les effets de l'homme. La feuille de punitions, arrêtée et visée par le commandant de la batterie. Le livret de l'homme, arrêté et visé par le commandant de la batterie. *Le major fera remettre lui-même les documents à la nouvelle batterie.*
8° Réintégration d'un cheval d'officier disponible.	La feuille matricule du cheval, avec la mutation inscrite. Un certificat du vétérinaire constatant que le cheval n'a aucune tare engageant la responsabilité de l'officier.

9° Achat d'un cheval.	Signalement du cheval avec le nom que l'officier désire lui donner et le prix d'achat. Cette pièce sera ensuite signée par le colonel et visée par le sous-intendant.
10° Passage d'un cheval à un autre corps ou à une autre batterie.	La feuille matricule du cheval mise au courant pour l'inscription de la mutation et celle des effets de harnachement, ou leur radiation, si le cheval est passé non garni. Le classement aux diverses inspections générales ; les entrées et les sorties de l'infirmerie devront être également inscrites. *Cette pièce sera remise par le major à la nouvelle batterie.*
11° Mort d'un cheval.	La feuille matricule où sera inscrite la mutation indicative de la mort.
12° Arrivée d'un cheval d'officier.	La feuille de route.

Enfin, pour toutes mutations non prévues, les pièces justificatives nécessaires.

Toutes les pièces concernant une même mutation doivent être épinglées ensemble ; si l'une manquait, une fiche, datée et signée par le maréchal-des-logis-chef, doit être annexée au dossier, indiquant pour quel motif cette pièce n'est pas donnée.

Les batteries détachées se conforment, comme celles de Versailles, aux prescriptions ci-dessus, sauf pour l'article 4 en ce qui est relatif à la présentation du livre de détail. Les commandants de batterie sont invités, dans ce cas, à s'assurer eux-mêmes qu'il y a concordance entre les masses arrêtées sur le livre de détail et celles inscrites sur la situation.

MM. les commandants de batterie sont invités à tenir rigoureusement la main à ce que les sous-officiers comptables sous leurs ordres exécutent ces prescriptions.

N° 31.

MASSES INDIVIDUELLES.

Tous les hommes doivent être pourvus des effets réglementaires.

Tous les hommes dont la masse individuelle est de 120 fr. au moins au premier jour du trimestre peuvent dépenser, pendant ce trimestre, en effets d'habillement et de petit équipement, réparations et moins-value, la somme que les capitaines commandants trouvent convenable.

On ne donne aux hommes dont la masse est au-dessous de 120 fr. que les effets strictement nécessaires et on les engage à faire des versements volontaires en abandonnant une partie de leur solde. Ce versement ne doit pas dépasser la moitié des centimes de poche. En cas de refus de la part des hommes, ils sont privés de toute permission.

Tous les hommes employés, soit comme ordonnances d'officiers, soit comme travailleurs, doivent faire des versements à leur masse jusqu'à ce qu'elle soit complète. Le montant de ces versements est réglé par les capitaines commandants d'après la quotité du gain, et ne doit pas en dépasser la moitié. Dans ce cas, il n'est pas fait de retenue sur la solde pour versement à la masse.

Il doit être sursis à toute distribution d'effets pour les hommes en instance de remplacement ou dans toute autre position faisant présumer leur départ du corps dans un délai de six mois. En cas d'urgence absolue, les effets strictement nécessaires à ces hommes ne peuvent leur être délivrés que sur l'autorisation du sous-intendant militaire chargé de la surveillance administrative du régiment.

N° 32.

ORDINAIRES.

La quantité de pain de soupe par homme et par repas varie de 120 à 130 grammes; la quantité de viande est de 150 grammes au minimum.

Chaque batterie fait habituellement un ou deux ratas par semaine.

Le brigadier d'ordinaire est changé tous les trois mois.

Le service de la cuisine se fait à tour de rôle par les hommes de la batterie; il y a deux cuisiniers par batterie, un en pied et un en second.

Chaque homme, après quinze jours de cuisinier en second, est, pour les quinze jours suivants, cuisinier en pied.

De cette façon, tout canonnier, tant comme cuisinier en second que comme cuisinier en pied, fait un mois de cuisine.

Le cuisinier en second va chercher les vivres avec un homme de corvée, et les noms de ces deux hommes ayant assisté à la livraison des vivres sont portés sur le livre d'ordinaire en regard de la dépense de chaque jour.

Le boni doit varier de $0^{f},50$ à $1^{f},00$ par homme mangeant à l'ordinaire; mais on ne dépasse pas ce dernier chiffre.

Un tableau indiquant les sommes remises à chaque batterie pour le produit de la vente des eaux grasses est établi, le 2 de chaque mois, par le lieutenant secrétaire de la commission des ordinaires et affiché à la salle des rapports, où les commandants de batterie en prennent connaissance pour pouvoir vérifier, dans la comptabilité des ordinaires, l'inscription des recettes et produits additionnels.

Il est fait, chaque mois, aux sous-officiers, pour le blanc et le cirage, une retenue versée à l'ordinaire de leur batterie.

Le versement à l'ordinaire des retenues faites aux hommes qui obtiennent une permission avec solde de présence est inscrit au plus tard dans le prêt qui suit immédiatement la rentrée de l'homme.

Cette retenue doit être faite aux hommes autorisés à ne pas vivre à l'ordinaire.

N° 33.

TABLES DES SOUS-OFFICIERS.

Le 26 de chaque mois, l'adjudant-major chargé des cantines adresse au lieutenant-colonel un rapport sommaire sur les pensions des sous-officiers, indiquant s'ils sont ou non satisfaits de l'ordinaire et faisant connaître, en outre, les noms de ceux qui auraient contracté envers la cantinière une dette supérieure à 5 fr., avec le chiffre de la dette. Les sous-officiers qui ont une dette supérieure à 5 fr. rentrent à l'appel des canonniers et sont privés de toute permission jusqu'à ce qu'ils aient réduit leur dette à 5 fr.

Les sous-officiers comprendront que le prix qu'ils mettent à l'ordinaire ne leur permet pas de se montrer trop exigeants; mais ils ont droit à une nourriture suffisante et saine, à la propreté dans le service, à la politesse de la part de la cantinière.

Pour faciliter à l'adjudant-major l'établissement de son rapport, chaque pension lui adresse, le 25 de chaque mois, une note du plus ancien sous-officier, conforme au modèle ci-après :

PENSION (nom de la cantinière).
e Batterie.

Les sous-officiers mangeant à ladite pension sont ou *ne sont pas satisfaits.* (Sans explications.)

Ils paient le vin ordinaire . . . . le litre.

Les prix des différentes pensions des sous-officiers sont fixés ainsi qu'il suit par homme et par jour :

Adjudant 1f,10
Maréchal-des-logis-chef 0f,80
Maréchal-des-logis 0f,70

Dans chaque pension, le plus ancien sous-officier est chargé de régler les comptes arrêtés à la fin de chaque prêt sur les livres des cantines.

Tout extra commun, comme réception de camarades, Sainte-Barbe, etc., est immédiatement réglé par les sous-officiers chefs de table et soldé par leurs soins en dehors des dépenses courantes.

N° 34.

SERVICE DE LA PISCINE.

Le service de la piscine est fait par un canonnier employé en permanence sous les ordres de l'adjudant de casernement.

Ce canonnier est chargé de chauffer la piscine pour l'heure indiquée et de l'entretenir dans le plus grand état de propreté.

Quand les six batteries sont présentes à Versailles, chaque jour de la semaine est affecté à une batterie, de 1 heure à 2 heures, la première y allant le lundi, la deuxième le mardi, et ainsi de suite. Le dimanche, de 9 heures à 10 heures, est affecté au peloton hors-rang.

Les hommes qui n'ont pu aller à la piscine le jour fixé pour leur batterie y vont le lendemain avec la batterie suivante.

Quand deux batteries sont détachées à Paris, les mardi, mercredi, vendredi et samedi sont affectés aux quatre batteries restantes, qui envoient à la piscine, les deux premières le jeudi, les deux autres le lundi, les hommes qui n'ont pu y aller le jour fixé.

En été, tant que l'eau n'est pas chauffée, la piscine a lieu, les jours de fourrage, de 4 heures à 5 heures du soir.

Le tour d'une batterie passe si quelque motif l'empêche d'user de la piscine au jour fixé.

Chaque séance commence par les brigadiers de la batterie.

Les sous-officiers vont à la piscine le jour désigné par le colonel, au commencement de la séance; néanmoins la baignade est facultative pour eux.

Les hommes apportent une serviette à la piscine. (Chaque canonnier doit être constamment pourvu de quatre serviettes, de manière à en avoir toujours deux à sa disposition et deux au blanchissage.)

Ce service est placé sous la haute surveillance du chef d'escadron de semaine et des capitaines commandants.

Les lieutenants de petite semaine doivent s'assurer sur les contrôles que tous les hommes de leur batterie sont allés à la baignade dans la semaine; le maréchal-des-logis de petite semaine est chargé de faire l'appel, de maintenir le bon ordre et de veiller à ce que les canonniers ne commettent aucune dégradation.

Les batteries rendent compte, au rapport, du nombre d'hommes qui ont été, la veille, à la piscine.

N° 35.

PRÉCAUTIONS A PRENDRE PAR LES PERRUQUIERS.

Les perruquiers doivent toujours avoir un jeu d'ustensiles exclusivement réservé aux hommes, à l'infirmerie et à l'hôpital, qui ont des dartres à la figure ou au cou.

N° 36.

EMPLOI DE LA POUDRE DE PYRÈTHRE DU CAUCASE.

L'insufflation de la poudre de pyrèthre se fait à l'aide d'un soufflet à entonnoir; la poudre (4 ou 5 grammes par homme présent) et les soufflets sont délivrés aux batteries par l'adjudant de casernement la veille du jour où l'insufflation doit avoir lieu; après l'opération, les soufflets sont réintégrés au magasin d'habillement.

L'insufflation se fait tous les ans, soit à la fin de mai, soit au commencement de juin, dans tous les locaux du casernement, y compris les cantines, salles de police, prisons, etc.

La veille du jour désigné, les capitaines commandants font nettoyer les chambres et les effets de literie; les châlits sont découverts, les planches retournées et les effets de literie mis en travers. Les capitaines désignent comme opérateurs un sous-officier et un homme intelligent qui, autant que possible, doivent toujours être les mêmes.

Cette opération, qui doit être faite assez vite, ne demande d'autre précaution que celle, indispensable, de tenir les portes et les fenêtres complétement fermées pendant toute sa durée, et pendant 5 ou 6 heures après son achèvement, afin d'éviter les courants d'air pouvant entraîner la poudre loin de l'insecte que l'on veut détruire. Il est bon aussi de ne pas balayer les locaux le jour de l'insufflation.

L'opération est faite sous la surveillance de l'adjudant de casernement.

Un factionnaire, placé à la porte des chambres, empêche les hommes d'y entrer avant le moment prescrit.

Les chambres ne doivent être ouvertes qu'à 10 heures du matin; elles ne doivent être balayées qu'à 5 heures du soir.

N° 37.

BLANCHISSAGE DU LINGE DE LA TROUPE.

Le blanchissage du linge de la troupe est effectué par l'administration des lits militaires, à raison de 0f,05 par homme et par semaine.

Ce prix est appliqué aux collections d'effets dont le détail suit :

Une chemise par semaine	par homme.
Un caleçon par quinzaine	par homme.
Deux blouses de cuisine par semaine	par batterie.
Deux pantalons de cuisine *idem*	par batterie.
Quatre torchons de cuisine *idem*	par batterie.
Deux sacs à distribution de cuisine *idem*	par batterie.

Les détails d'exécution de ce service sont confiés, dans chaque batterie, à un brigadier désigné par le capitaine commandant; ces brigadiers opèrent sous la direction de l'adjudant de casernement.

Le linge est remis au blanchissage le mercredi et est restitué, tout blanchi, le mercredi de la semaine suivante; l'opération a lieu au magasin des lits militaires, à 1 heure.

Afin de déterminer la quantité d'effets à blanchir par semaine dans chaque batterie, il est établi, par les soins des batteries, un bulletin de blanchissage, conforme au modèle déposé à la salle des rapports, lequel est remis la veille du jour assigné pour le versement du linge à blanchir, c'est-à-dire le mardi, à l'adjudant de casernement chargé de centraliser les détails du service.

Les effets de chaque batterie sont remis dans des sacs marqués au numéro de la batterie.

La remise du linge à blanchir a lieu après reconnaissance préalable contradictoire entre l'adjudant de casernement et le préposé des lits militaires, en présence des brigadiers désignés, qui sont admis à présenter leurs observations, s'il y a lieu.

Pour la remise du linge blanc, le préposé réunit, après le blanchissage, le linge qui lui a été remis sept jours auparavant, dans les sacs dont il est parlé, en fait la remise, en présence de l'adjudant de casernement, au brigadier, qui vient lui-même, accompagné d'une corvée, en prendre livraison au magasin des lits militaires.

Cette opération est constatée au moyen du récépissé donné par l'adjudant de casernement sur l'expédition de l'état hebdomadaire restée entre les mains du préposé.

Le montant du prix du blanchissage du linge de chaque batterie, décompté d'après les indications portées sur les bulletins de batterie et totalisé pour tout le corps, sur l'expédition de l'état hebdomadaire restée en la possession de l'adjudant de casernement, est versé directement par les commandants de batterie entre les mains du trésorier, qui en donne quittance sur le livret de l'ordinaire.

Aussitôt après la réception du linge blanc, l'adjudant de casernement remet au trésorier l'expédition restée entre ses mains de l'état hebdomadaire, constatant la restitution du linge blanchi pendant la semaine.

Le lendemain, le préposé se présente au bureau du trésorier, muni d'une expédition de l'état d'effectif hebdomadaire constatant la remise du linge au corps et reçoit directement de cet officier comptable le montant du blanchissage de la semaine. Cet agent en donne, séance tenante, récépissé sur l'expédition dudit état hebdomadaire remis au trésorier par l'adjudant de casernement.

Les sous-officiers ne vivant pas à l'ordinaire ont la faculté de faire blanchir leur linge avec celui de la batterie dont ils font partie; le cas échéant, le prix du blanchissage sera retenu sur le prêt et porté en recette aux produits additionnels de l'ordinaire.

Afin d'éviter de scinder le prix ferme fixé pour le blanchissage de chaque collection d'effets, on prend pour base du décompte la quantité de chemises remises au blanchissage, laquelle est nécessairement égale à celle de l'effectif présent, tel que l'indique l'état hebdomadaire.

Est, en conséquence, considérée comme complète, toute collection à laquelle manquerait le demi-caleçon, qui, ajouté à la chemise, doit composer ladite collection.

TABLE DES MATIÈRES.

1re SÉRIE.

Tenue et inspections.

2e SÉRIE.

Manœuvres, cours et instructions.

3e SÉRIE.

Service de place. — Service intérieur.

www.ingramcontent.com/pod-product-compliance
Ingram Content Group UK Ltd.
Pitfield, Milton Keynes, MK11 3LW, UK
UKHW012235240726
13966UKWH00003B/1102

9 782013 053440